Lexy Hell mit Christiane Hagn

MEIN WILDES LEBEN ZWISCHEN
LAUFSTEG UND SWINGERCLUB

Lexy Hell mit Christiane Hagn

MEIN WILDES LEBEN ZWISCHEN LAUFSTEG UND SWINGERCLUB

BOOKS

Für meine Schwester

Inhalt

VORWORT

»Vielen Dank, dass Sie heute mit uns geflogen sind. Wir hoffen, Sie bald wieder als Gast an Bord begrüßen zu dürfen«, haucht die Stewardess ins Mikrofon. Natürlich hört ihr längst niemand mehr zu. Stattdessen springen alle auf und reißen ihr Gepäck aus den Ablagefächern, als ginge es um Leben und Tod.

Auch ich habe es eilig. Aber solange die Flugzeugtüren noch geschlossen sind, macht es keinen Sinn, Hektik zu verbreiten. Genau eine Stunde habe ich noch Zeit, um pünktlich um Mitternacht an meinem Arbeitsplatz zu erscheinen. Das ist knapp, aber mit dem Taxi zu schaffen. Nach zwei Tagen auf dem Laufsteg würde ich jetzt eigentlich nichts lieber tun, als nach Hause zu meiner Katze zu fahren, mir dann ein heißes Bad einlaufen zu lassen und anschließend zehn Stunden am Stück durchzuschlafen. Stattdessen muss ich die nächsten acht Stunden damit zubringen, fremden Menschen beim Geschlechtsverkehr und/oder onanieren zuzusehen. Währenddessen werde ich Gläser polieren, das ständig klingelnde Telefon beantworten und Drinks ausschenken. An vorrangig nackte Menschen. Ich trage dabei aber Kleidung. Immerhin.

Als die Türen sich öffnen, werde ich vom Menschenstrom automatisch mitgeschoben und schaffe es gerade noch so, mir zwei Schokoladenherzen aus dem Körbchen der Stewardess zu schnappen. Eigentlich wollte ich drei.

Eine halbe Stunde später sitze ich endlich im Taxi und nenne dem Fahrer die Adresse meines Arbeitsplatzes. Sein

Blick verrät sofort, was er denkt: »Das passt. *So eine* treibt sich in genau solchen Läden rum.«

»Det is aber ein janz schönes Stück«, erklärt er mir kurz angebunden, wobei er etwas verstört auf das Totenkopf-Tattoo an meinem Kehlkopf starrt.

»Und?«, frage ich verwundert nach.

»Det werden bestimmt dreißig Euro!«

»Keine Sorge. Die werde ich schon noch zusammenkratzen«, sage ich so freundlich wie möglich und schenke ihm ein Lächeln, das nicht erwidert wird. Natürlich nicht. Ich bin ja tätowiert und damit asozial.

Tatsächlich und leider gibt es auch heute – und ja, auch in Berlin – immer noch Menschen, die bei Tätowierungen seltsame Assoziationen haben. Sie denken: asozial, Schmarotzer, Schlampe, kriminell oder etwas einfallsloser einfach nur: Junkie. Inzwischen versuche ich, mit Vorurteilen dieser Art humorvoll umzugehen oder sie zumindest zu ignorieren. Die Tatsache, dass ich seit einigen Jahren gerade wegen meiner Tätowierungen zu einer »Person der Öffentlichkeit« wurde, ändert an diesen Vorurteilen nichts.

Also versuche ich meinem Taxifahrer seine voreingenommene Haltung heute nicht allzu übel zu nehmen. Die Kombination aus Tätowierungen und meinem heutigen Fahrtziel zu so später Stunde kann schließlich durchaus irritierend sein. Daher wissen auch nur die wenigsten meiner Bekannten von meinem etwas ungewöhnlichen Arbeitsplatz. Doch professionelles Modeln mit einem normalen Brotberuf in Einklang zu bringen, ist nun mal gar nicht so einfach. Aber leider notwendig. Denn Modeln ist immer noch ein sehr, sagen wir, *saisonal bedingtes* Geschäft. Eine Arbeit, die von Modemessen und Trends abhängig ist. Und davon, ob man als Model und auch als Person gerade IN oder OUT ist. In meinem Fall ist das noch extremer. Tätowierungen schwanken in der Modebranche vom absoluten In-Trend zum totalen No-Go. Die Anzahl meiner Bookings und die Bezahlung variieren genauso wie der Geschmack. Daher bin ich schon aus finanziellen Gründen auf einen Nebenjob angewiesen. Und der muss für mich vor allem zwei Kriterien erfüllen: mir ein gewisses monatliches Grundeinkommen sichern, damit ich garantiert meine Miete bezahlen kann, und gleichzeitig flexible Arbeitszeiten mit sich bringen. Das ist extrem wichtig, um Bookings, die gern sehr spontan eintrudeln, auch ebenso spontan zusagen zu können. Genau deshalb arbeite ich in einem Swingerclub.

Als wir an einer roten Ampel zum Stehen kommen, starrt der Taxifahrer völlig entgeistert auf das haushohe Plakat an dem Baugerüst gegenüber. Dann sieht er mich fragend an. Von seinem Blick aufgeweckt, betrachte auch ich die tätowierte, halbnackte Frau mit dem Totenkopf auf dem Hals, deren Brüste durch eine Bierflasche versteckt sind. Der Slogan lautet: »Endlich mal Werbung ohne nackte Haut«. Ich gefalle mir auf diesem Foto wirklich ganz gut.

»Bist du das?«

»Hier bitte links«, erinnere ich meinen aufmerksamen Fahrer an der Kreuzung, die er vor lauter Schreck fast überfahren hätte. Kaum um die Ecke gebogen, sind wir auch schon am Ziel angekommen. Ich bezahle bar und gebe auch ein paar Euro Trinkgeld. Nur, um ihn noch mehr zu irritieren, ich asoziales Ding.

»Kann ich vielleicht ein Autogramm bekommen?«, fragt er schüchtern, als ich gerade die Tür zuschlagen will.

»Bin leider schon zu spät dran. Aber du kannst ja jederzeit vorbeikommen. Weißt ja jetzt, wo ich arbeite. Kostet allerdings sechzig Euro Eintritt.« Den letzten Satz konnte ich mir nicht verkneifen.

Als ich zehn Minuten später hinter dem Tresen stehe und mich im Spiegel zwischen all den nackten Menschen sehe, muss ich grinsen. Irgendwie schon komisch, wie ich, ein schüchternes Mädchen aus der Steiermark, hier im Swingerclub gelandet bin. Und was ich hier schon alles erlebt habe, glaubt mir vermutlich kein Mensch. Ich finde, es ist höchste Zeit, genau das zu erzählen.

Thorsten,
der Wichser

»Hey Sandra, bekomm ich noch eine Apfelsaftschorle?«

Ich nicke freundlich, nehme sein Glas entgegen und fülle es wieder auf. Darf ich vorstellen: Thorsten, der Wichser. So nennen wir ihn hier unter uns Kollegen. Er ist Stammgast, kommt mindestens dreimal die Woche und immer allein hierher. Montags zu »Sexy im String«, donnerstags zu »Gangbang« und jeden Samstag zu »Swingernight«. Wie jeder Mann zahlt er sechzig Euro Eintritt. Gern auch mit EC-Karte. Und nein, keine Sorge, auf dem Kontoauszug steht nicht »Swingerclub«, sondern unauffällige Zahlen- und Buchstabenkombinationen. Nichts Verdächtiges, das die unwissende Ehefrau irritieren könnte. Für diese sechzig Euro darf Thorsten dann zwölf Stunden bleiben und so viel trinken und essen, wie er möchte. Alkohol wie auch nicht alkoholische Kalt- und Warmgetränke sind inklusive. Eigentlich alles außer Champagner. Der kostet extra. Unsere Speisenauswahl ist ebenso reichlich, wenn auch keine Gourmetküche. Donnerstags gibt es immer Frühstück mit Brötchen und Müsli, gegen Mittag gekochte Eier, Nudeln mit Fleisch, kalte Schnitzel, Buletten, Kartoffelsalat, ein bisschen Obst und was Süßes wie Donuts, Muffins oder Milchreis zum Dessert. Am Wochenende gibt es Salate, kalte Wurst- und Käseplatten, Gemüsetarte, Spaghetti Bolognese und immer eine Suppe. Bevorzugt Kartoffelsuppe. Eben typisch deutsche Hausmannskost. Alles viel zu fettig und zu schwer, um danach Sex zu haben. Aber Sex gibt es hier natürlich auch, insofern willige Partner oder Partnerinnen vor Ort sind. Falls nicht, kann man sich auch anders betätigen. Zum Beispiel allein sexuell aktiv werden. Und genau das tut Thorsten, der Wichser, dann auch. Er trinkt literweise Apfelsaftschorle, setzt sich in eine Ecke und tut das, was er am besten kann: wichsen.

Nun könnte man annehmen, dass Thorsten dabei zumindest andere Gäste beobachten würde, denn warum sollte er sonst sechzig Euro Eintritt bezahlen, um in einem Swingerclub zu masturbieren? Doch Thorsten, der Wichser, wartet nicht auf andere Gäste. Er wichst immer und ausschließlich allein vor dem Computer, der zur freien Benutzung in einer dunklen Ecke steht. Während er Pornos schaut oder mit Webcam-Girls chattet, holt er sich permanent einen runter.

Lange Zeit habe ich das nicht verstanden. Schließlich hat fast jeder mittlerweile zu Hause einen Internetanschluss und müsste daher keine sechzig Euro bezahlen, um unter Beobachtung zu masturbieren – Beobachtung, auf die Thorsten noch dazu keinen besonderen Wert zu legen scheint.

Meine Kolleginnen vermuten, dass Thorsten, der Wichser, zu Hause einfach nicht im Netz surfen kann oder darf. Vielleicht hat er eine Gattin, die ihren Mann nicht in Ruhe Pornos schauen lässt. Denn, soweit wir herausfinden konnten, kommt Thorsten aus einem mehr als gutbürgerlichen Milieu. Er ist ein angesehener Arzt und zugegeben, bis auf die verstörende Tatsache, dass er die ganze Zeit masturbiert, ein richtig netter Kerl. Er ist superfreundlich, zurückhaltend, gepflegt und trinkt niemals Alkohol, trotz Flatrate.

Anfangs, als ich vor zweieinhalb Jahren angefangen habe hier zu arbeiten, ekelte ich mich ziemlich vor Thorsten. So wie auch vor allen anderen Gästen. Aber inzwischen weiß ich, dass Thorsten noch einer der Harmlosesten ist. Mein Ekel wich mit der Zeit Befremdlichkeit und inzwischen freue ich mich sogar ein bisschen, wenn ich zu meiner Schicht antrete und Thorsten wichsen sehe. Dieser Mann gehört fast schon zur Einrichtung mit dazu – ein Mann, der entweder einfach nicht allein masturbieren will oder kann. Ob das nun an der Frau Gemahlin oder an einer schlechten Breitbandverbindung liegt, konnte ich noch nicht herausfinden. Und will ich auch nicht. Denn hier herrscht Anonymität. Das gilt für Gäste wie auch für Angestellte. Und das ist auch gut so.

Das Beste an Thorsten, dem Wichser, ist, dass er im Gegensatz zu fast allen anderen sein Sperma selbst wegwischt. Dazu hat er immer einen kleinen Lappen bei sich, in einer Bauchtasche, die er sich um beziehungsweise unter den Bauch geschnallt hat, der wiederum über das knappe Lederhöschen hängt. Das ist Thorstens Outfit. Lederunterhose mit Eingriff, Bauchtasche mit Wichslappen und Schlappen. Funktionell und dennoch gemütlich. Genau richtig für den Aufenthalt in einem Swingerclub.

»Sandra! Machst du mir noch eine?«

Ich muss schmunzeln, denn dieser Laden ist vermutlich der einzige Ort, an dem ich noch auf den Namen Sandra

reagiere – hier und bei meinen Eltern zu Hause in Österreich. Der Gedanke, dass meine Eltern und Thorsten, der
Wichser, eine Gemeinsamkeit haben, sorgt für ein Grinsen
in meinem Gesicht. Wenn die wüssten! Aber natürlich wissen sie das nicht. Denn, dass ich im Swingerclub arbeite,
habe ich meinen Eltern nie erzählt. Schließlich habe ich diesen Job damals auch nur vorübergehend angenommen, bis
ich etwas Richtiges finden würde. Aber als ich das entschieden habe, kannte ich Berlin noch nicht gut genug. Damals
wusste ich noch nicht, dass »vorübergehend« in dieser Stadt
der Träume und Selbstverwirklichung sehr lange sein kann
und »etwas Richtiges« einfach reine Ansichtssache ist.

Was ich allerdings schon immer wusste, war, dass sich der
Name Sandra Müller für mich irgendwie falsch anfühlte.

1.
HEIMLICHE LIEBE
Tattoos: 500 Aufklebe-Tattoos aus Kaugummiautomaten
und der Bravo

Der 15. November 1986 war ein herrlicher Herbsttag in der Südsteiermark. Meine Familie spazierte gerade durch unsere beschauliche, knapp fünftausend Seelen zählende Gemeinde Wagna, bis es ganz plötzlich geschah: Die Fruchtblase meiner Mutter platzte und zwei Stunden später war ich auch schon da. Eine Woche zu früh. Ich hatte es wohl eilig. Abgesehen von meinem schlechten Timing war ich, soweit ich weiß, eine relativ normale Geburt. Die Komplikationen gingen da erst etwas später los. Die Enttäuschungen kamen allerdings sofort. Denn alle gingen davon aus, dass ich ein Junge werden würde. Warum, weiß ich nicht. Vermutlich hatte ich auf dem Ultraschallbild meinen Finger zwischen den Beinen. Meine 25 Monate ältere Schwester erzählte mir später, dass sie so enttäuscht war, keinen kleinen Bruder bekommen zu haben, dass sie mich als Baby am liebsten in die Mülltonne werfen wollte. Das soll in Österreich ja häufiger vorkommen.

Mein Vater nahm die Enttäuschung wie ein Vater auf: »Hauptsache, das Kind ist gesund.« Und meine Mutter behauptete später, sie hätte eh die ganze Zeit gespürt, dass ich ein Mädchen würde. Klar, deswegen trage ich auch auf allen Babyfotos blau. Wie dem auch sei, Elternliebe ist ja bekanntlich oder eher angeblich bedingungslos. Vor allem Mutterliebe, die quasi durch den Geburtsvorgang garantiert wird. Doch bei meiner Mutter und mir kam das mit der Liebe erst im Laufe der Jahre. Viele Jahre.

Nun war ich also da, wenn auch nur ein Mädchen, und wurde am 01. Februar 1987 auf den unspektakulären wie auch unproblematischen Namen Sandra Müller getauft. Die Taufe gehört in Österreich dazu wie die Beschneidung im Islam. Mich hat also niemand gefragt. Und selbst wenn, hätte ich vermutlich nichts gesagt, denn ich fing erst spät an zu sprechen und liebte es, stattdessen lange zu schreien. Sehr lange. Und sehr laut. Meinem Unwohlsein über meinen Namen habe ich schon am Tag der Taufe mit Dauerplärren kräftig Ausdruck verliehen. Wie meine Taufpatin Tante Gisela nie müde wurde zu erzählen, schrie ich mir bei der Taufzeremonie die Seele aus dem Leib. Aber mir wurde anscheinend kein Gehör geschenkt.

Meine frühesten Kindheitserinnerungen setzen erst etwas später ein und sind wohl auch meine schönsten. Ich erinnere mich an unsere Familienurlaube. Morgens um drei oder vier geweckt zu werden, schlaftrunken ins kalte Auto zu steigen, in eine warme Decke eingewickelt auf dem Rücksitz neben meiner Schwester wieder einzudösen, während Papa mit uns durch die schwarze, kalte Nacht Richtung Italien düste. Dann aufwachen, von Mama Knoppers bekommen, Meer und Sonne sehen, Spaghettieis essen und von Italienern verhätschelt werden, die meine Schwester und mich, die beiden weißblonden *Bambini* immer ganz entzückend fanden. Ich erinnere mich, wie meine Schwester auf der Terrasse eines vornehmen Restaurants ihre Spaghetti durch die Nase auskotzte und ich mir vor lauter Lachen dabei in die Hose pinkelte. Wie wir zusammmen gegen meinen Vater Tennis spielen durften und er immer versuchte, jeden, also wirklich jeden Ball zu bekommen, auch wenn er weit im Aus landete. Und ich erinnere mich an unsere Skiausflüge. Immer zu viert und jeder durfte abwechselnd mit jedem Lift fahren. Da waren wir ganz streng. Anschließend düsten wir durch den Tiefschnee und mein Vater rief laut »Rückenlage!«, um uns vor dem Sturz zu bewahren. Meist vergebens. Denn Stürzen im Tiefschnee war das Lustigste überhaupt. Noch schöner war nur, über die Hügel zu brettern und bei jedem Sprung ganz hoch zu schreien, damit alle immer wussten, wo ich gerade war.

Fast genauso aufregend waren unsere Wanderurlaube in den Bergen Südtirols. Ich weiß noch, wie wir im Wald am Fluss Pilze suchten und auf wilden Pferden ausreiten durften, so lange, bis mich eines in den Graben warf und das andere mit meiner Schwester panisch durchbrannte. Als wir sie wiederfanden, sah sie verstörter aus als das Pferd. Als wäre sie in einen Mähdrescher geraten. Seit diesem Tag war Schluss mit Reiten und meine Angst vor Pferden geboren.

Mit zunehmendem Alter nehmen dann auch die idyllischen Kindheitserinnerungen ab und die Ängste zu. Als ich fünf Jahre alt wurde, zogen wir von Wagna nach Leibnitz um. Endlich durfte auch ich in den Kindergarten gehen.

Wenn auch nicht in denselben wie meine Schwester. Sie fehlte mir. Noch dazu fand im Kindergarten niemand mein weißblondes Haar entzückend, im Gegenteil, ich wurde von den Jungen nur gehänselt und »Oma« genannt, weil sie fanden, meine Haare wären grau. Anfangs habe ich mich daher gern stundenlang allein im angrenzenden Waldstück des Kindergartens versteckt, bis mir meine Mutter verbot, mich zu weit von den anderen Kindern zu entfernen. Ich könnte ja entführt werden! Das scheint so eine Art österreichische Urangst zu sein. Bloß keine Süßigkeiten annehmen, bei niemandem ins Auto einsteigen, immer in der Gruppe bleiben, niemals allein in den Wald gehen! So viele Regeln.

So litt ich eine ganze Zeit lang unter der Wahl des geringeren Übels: Mobbing oder Entführung? Eine schwierige Entscheidung, gerade für ein Kindergartenkind.

Als ich mit sieben Jahren endlich eingeschult wurde, hoffte ich auf eine Besserung meiner Alltagsverzweiflung. Schließlich wusste ich nun wieder meine Schwester in meiner Nähe, die mich vor Entführungen und Mobbing jeglicher Art bestimmt beschützen könnte. Leider weit gefehlt. Denn aufgrund meines S-Fehlers musste ich begleitend zum eh schon schrecklichen Schulalltag eine Sprachtherapeutin besuchen. Und das blieb meinen Klassenkameraden natürlich nicht verborgen. Mein zärtlicher Spitzname wechselte schnell von »Oma« zu »Sssandra« mit gelispeltem S, was nicht gerade zu meiner Popularität beitrug. So wurde ich auch in der Schule schnell zur Außenseiterin und tat das, was Außenseiter für gewöhnlich tun: sich mit anderen Außenseitern zusammenschließen.

Meine Schwester fiel damit weg, denn die gehörte zu den beliebten Mädchen. Ich tat mich also mit Ulla und Michael zusammen, auch genannt: Ulla Langstrumpf und Michael, der Stinker. Ulla hatte Sommersprossen, einen roten Schopf auf dem Kopf und eine Zahnlücke, durch die zwei ganze Finger passten. Sie wurde meine beste und einzige Freundin, die ganz á la Frau Langstrumpf nicht davor zurückschreckte, auch mal ihre Kräfte unter Beweis zu stellen. Zu Pausenhofschlägereien gegen Ulla kam es meistens dann, wenn mich jemand Sssandra oder Manuel einen Stinker nannte. Also ständig.

Zugegeben, mein S-Fehler war mir selbst ein wenig unangenehm und Manuel roch nicht gerade nach roten Rosen, noch dazu war er etwas tollpatschig und unsterblich in mich verliebt, was wiederum nicht zu seiner Popularität beitrug. Doch Manuel stand schon früh »seinen Mann« und machte mir in der dritten Klasse todesmutig vor versammelter Mannschaft einen Heiratsantrag, samt Ring aus dem Kaugummiautomaten. Das brachte ihm viel Gelächter und Spott ein, während ich anfing zu heulen. Ob aus Scham oder Rührung, weiß ich nicht mehr. Eigentlich habe ich die meiste Zeit in der Schule eh nur geheult. Dann bin ich zu meiner Schwester gerannt, die mich mit Verstecken spielen wieder aufheitern sollte. Leider hat sie mich nur selten gefunden. Anders ausgedrückt: Sie hat auch nicht wirklich lange gesucht, um ja nicht zu spät zum Unterricht zu kommen. Früher oder später hat mich dann Manuel aus meinem Versteck geholt. Und auch wenn ich seine Liebe nie erwidern konnte, war ich heilfroh, dass es ihn gab.

Zum Glück gab es auch ein Leben außerhalb der Schulhölle. Meine freie Zeit und einen großen Teil meiner Ferien verbrachte ich bei meinen Großeltern mütterlicherseits. Sie hatten einen Bauernhof am Stadtrand, voller Schweine, Kühe und unzählig vieler Hühner und umgeben von Apfel- und Zwetschgenbäumen, Mais- und Kürbisfeldern. Es war das Paradies. Meine Oma war eine großartige Frau. Sie legte überhaupt keinen Wert auf Mode, aber ihr silbergraues, welliges Haar war immer perfekt gestylt. Selbst beim Marmelade einkochen oder Kürbiskernöl herstellen sah sie aus wie eine sehr feine Dame – im Kittel.

Meine Oma mochte ich sehr gern, aber meinen Opa, den habe ich vergöttert. Meistens trug er dunkelgrüne Cordhosen, ein Hemd dazu, ab und an einen Hut. Er hatte ein rundes Gesicht, schmale Augen und sah immer ein bisschen danach aus, als hätte er gerade etwas ausgefressen. Wie ein in die Jahre gekommener Lausbub. Er war der lustigste Mensch, den ich je kannte. Wenn ich ihn besuchen kam, saß er meist mit einer Bierflasche in der Hand vor dem Haus und wartete bereits auf mich.

»Sandra«, rief er mir entgegen, sobald ich durch das Gartentor geschlendert kam. »Wo hast du dich nur wieder rumgetrieben?«

»Na, in der Schule.«

»Wissen deine Eltern davon? Keine Sorge, ich sag nichts«, dann grinste er und deutete auf den freien Platz neben sich. »Jetzt setz dich neben deinen alten Großvater und hör ihm gut zu. Was ich dir gleich erzähle, kann dir in der Schule nämlich niemand beibringen!« So fing mein Opa fast jede Geschichte an. Ich saß da, lauschte, lachte und staunte. Die Zeit verging wie im Flug. Wir saßen nur da und redeten, aber ich liebte es, dass mein Opa mich nicht wie ein Kind behandelte. Er nahm meine Fragen und mich ernst, ein ungewohntes und sehr glückliches Gefühl.

Wenn wir nicht gerade über die Welt philosophierten, durfte ich ihm helfen, Zwetschgenschnaps zu brennen oder das Feld zu bestellen. Dann drehten wir Runde um Runde auf dem Traktor, wobei wir meist Hühner jagten, anstatt zu eggen, pflügen, säen oder jäten.

Doch eines Tages saß mein Opa nicht mehr vor dem Haus und ich wusste sofort, dass etwas Schreckliches passiert sein musste.

»Opa ist tot«, sagte meine Mutter und heulte Rotz und Wasser. In diesem Moment fühlte ich gar nichts. Ich konnte nicht weinen. Es ging nicht. Es ging deshalb nicht, weil ich spürte, dass alle nun erwarteten, dass ich weinen müsste. Bis heute kann ich meine Gefühle nicht nach außen zeigen. Und schon damals wollte ich meine Trauer um meinen geliebten Opa mit niemandem teilen. Wir hatten immer unsere Geheimnisse, er und ich, vor dem Rest der Welt. Und so sollte es auch bleiben.

Angeblich, so hieß es damals, sei mein Opa an einem Herzinfarkt gestorben. Erst als ich schon sehr viel älter war, erzählte mir meine Schwester, dass er wegen seines Magens im Krankenhaus war und sich dort im Badezimmer nach der Diagnose erhängt hatte. Das passte zu ihm. Er wollte immer selbst entscheiden. Ich konnte ihn verstehen und ihm somit auch verzeihen.

Von da an brachten mich meine Eltern sehr oft zu meiner anderen Großmutter. Sie war als Flüchtling aus Slowenien nach Österreich gekommen. Ihr damaliger Mann ließ sie mit ihren zwei Jungen wegen einer anderen Frau sitzen. Ich habe ihn nie kennengelernt, da er lange vor meiner Geburt starb. Seitdem lebte sie in einer kleinen, karg eingerichteten Wohnung, in der mein Vater und mein Onkel aufwuchsen. Eine Wohnung, in der es immer nach Mottenkugeln stank. Meine Schwester und ich gingen nicht gern dorthin. Wir mussten immer ganz ruhig auf den weiß lackierten Holzstühlen sitzen. Zappeln war verboten. Ich langweilte mich zu Tode, dachte an die Geschichten, die mir mein Opa erzählt hatte, und vermisste ihn schrecklich.

Als ich mit sieben Jahren mutterseelenallein von der Grundschule auf das Gymnasium wechselte, wurde die Schulzeit noch unerträglicher. Zugegeben, mutterseelenallein ist ein wenig übertrieben. Aber ich vermisste Ulla und Michael, die auf das Realgymnasium gewechselt hatten, denn wie immer fand ich nur schwer Anschluss. Anfangs klammerte ich mich daher sehr an meine Schwester, was ihr verständlicherweise auf die Nerven ging. Sie war schon in der dritten Klasse des Gymnasiums und somit erwachsen, zumindest ihrer Ansicht nach. Da war keine Zeit mehr für Verstecken spielen in der Pause mit der doofen kleinen Schwester, stattdessen musste sie mit ihren erwachsenen Freundinnen über Mode und Menstruation philosophieren. Auch außerhalb der Schule verbrachten wir immer weniger Zeit miteinander, denn meine Schwester tat zu Hause lauter seltsame Dinge, wie ihr Zimmer aufzuräumen oder ihre Hausaufgaben zu machen ... Ja, unsere Interessen gingen schon früh auseinander.

Ich fühlte mich auf dem Gymnasium noch unwohler als auf der Grundschule. Kinder können grausam sein. Pubertierende Jugendliche grausam und gewalttätig. Denn inzwischen ließ ich mir nicht mehr alles gefallen. Auch ich war älter geworden und nun zu alt, um ständig zu heulen. Allerdings war mir sehr oft nach Heulen zumute. Und in solchen Situationen, in denen die Tränen zu kullern drohten, mich die Wut überkam und mir mal wieder die Worte fehlten, schlug ich eben selbst zu, so wie es Ulla immer für mich getan hatte. Dadurch hatte ich schnell einen schlechten Ruf, was ich besser fand als gar keinen Ruf oder den einer Heulsuse zu haben.

Zum Glück fand ich so auch eine neue beste Außenseiterfreundin: Stefanie, auch bekannt als Stefanie, die Pferdefresse. Wir lernten uns beim Nachsitzen kennen. Unsere größte Gemeinsamkeit war, dass wir beide ungehorsam und unbeliebt waren. Gemeinsame Feinde schufen somit die Basis für unsere Freundschaft. Vier Fäuste können mehr ausrichten als zwei. Unsere zweite Gemeinsamkeit waren unsere schlechten Noten. Ich bekam im ersten Jahr eine fünf in Deutsch, eigentlich nur deshalb, weil ich so große Angst davor hatte, vor anderen Leuten zu sprechen. Vor der Klasse ausgefragt zu werden, einen Aufsatz vorzulesen oder gar Referate zu halten, war mein absoluter Albtraum. Sobald ich mit zitternder Stimme und schwitzenden Händen loslegte beziehungsweise vor mich hin stotterte, wurde mein Kopf knallrot. Es dauerte nicht lang, bis die ersten anfingen zu kichern und dann recht schnell auch mal ein Papierball an meinen Kopf geflogen kam. Aus Trotz habe ich begonnen, Hausaufgaben komplett zu verweigern und nur noch passiv am Unterricht teilzunehmen. Am liebsten verzierte ich mein Hausaufgabenheft oder bemalte die Schulbank. Damit war ich unserem Lehrer Herrn Pieper endgültig ein Dorn im Auge. Da nie jemand auch nur im Traum daran dachte, sich für mich einzusetzen, wurde ich schon früh zur Einzelkämpferin.

Außerhalb der Schule hatte ich ebenso wenig soziale Kontakte, dafür umso mehr Zeit, aufgrund der Hausaufgabenverweigerung. Und diese Zeit nutzte ich sinnvoll. Ich wurde gestalterisch aktiv und kreativ. Mit einem Pinsel, Bunt- oder Farbstiften, gern auch mal einer Spraydose bewaffnet, malte ich alles voll, was mir zwischen die Finger kam: Hosen, T-Shirts, Tische, Stühle und Wände. Das alles sehr zum Leidwesen meiner Eltern. Die Pinselei wurde mir endgültig untersagt, als ich unsere Katze in einen bunten Papagei verwandelte. Ich hatte ihr sogar die Wimpern getuscht. Aber seit diesem Tag durfte ich meine Kunst nur noch heimlich ausüben. Kunst ist ja auch bekanntlich eine heimliche Liebe. In meinem Zimmer eingesperrt, versuchte ich mich zuerst an den nackten Mädchen auf Seite neun der Kronenzeitung, bis ich schließlich meinen eigenen Körper als Großleinwand entdeckte. Die bunte Farbe auf meinem Körper empfand ich als eindeutige Verschönerung und experimentierte weiter auf diesem Gebiet. So »lieh« ich mir von meiner Schwester regelmäßig die Bravo und verzierte mich von oben bis unten mit Tattoos zum Aufkleben. Doch schon bald reichten mir die wenigen Bildchen nicht mehr aus und ich sparte jeden Cent, um mir am Automaten Kaugummis mit Aufklebe-Tattoos zu kaufen. Zu Hause angekommen, sperrte ich mich im Badezimmer ein, drehte die Musik laut auf und leckte mir Tattoos auf den Körper. Sobald alles schön verteilt war, bewunderte ich mein Gesamtkunstwerk vor dem großen Ganzkörperspiegel und tanzte wild dazu. Das waren glückliche Momente. Die leider immer nur kurz anhielten, denn spätestens beim nächsten Mal Duschen oder Baden floss mein gerade gewonnenes und hart erspartes Glück schon wieder davon. Zwischen Abfluss und Schaum versickerte die Freude meiner Kindheit.

Doch eines Tage schöpfte ich Hoffnung und das ausgerechnet vor dem Fernseher. Ich zappte mich gerade mal wieder heimlich durch das Abendprogramm, als ich bei einem

Beitrag über die japanische Yakuza Mafia hängen blieb, deren Mitglieder sich seit Jahrhunderten durch Tätowierungen kennzeichneten. Zum ersten Mal in meinem Leben sah ich eine Frau, deren Körper von oben bis unten komplett mit Tätowierungen übersät war. Ich war völlig überwältigt von diesem Anblick. Zum einen überwältigt von der Schönheit und Erotik dieses Körpers, zum anderen überwältigt von Neid. Damals wusste ich noch nicht, dass Neid eine der größten Antriebsfedern sein kann. Damals wusste ich nur eins, nämlich dass ich eines Tages genau so aussehen wollte wie diese Frau. Bunt. Von oben bis unten.

100 % Sexgarantie

Es ist Freitag, sechs Uhr morgens, mein Wecker klingelt. Ich quäle mich aus dem Bett, dusche heiß und doch nicht kalt, so wie ich es mir eigentlich morgens immer vornehme. Eine Stunde später teile ich mir die U-Bahn Richtung Mariendorf mit ein paar Partyleichen von gestern Nacht sowie fleißigen Arbeitern und Arbeiterinnen, die zur Schicht antreten. Elektriker, Kassiererinnen, Büroangestellte, Einzelhandelsver-käufer, vielleicht auch Studenten – Menschen, die ich an Tagen wie diesen um ihren Job sehr beneide, die in Büros mit Tep-pichböden, in Werkstätten mit Kollegen oder einer ehrfürchti-gen Aula ihren Tag verbringen dürfen. Mein Fahrtziel dagegen zeichnet sich durch die Abwesenheit von Tageslicht und die Anwesenheit vieler nackter Menschen aus. Ich habe Früh-schicht im Swingerclub. Heute muss ich von acht bis sechzehn Uhr wieder hinter dem Tresen stehen. Zwischen Peitschen, Sperma und Pornos, die rund um die Uhr auf dem Fernseher in der Ecke laufen. Wir nennen sie »Heimatfilme«. Vielleicht auch deshalb, weil unsere Pornos in den Zimmern nebenan live stattfinden.

Als ich an meiner Haltestelle ankomme und die U-Bahn verlasse, spüre ich die Blicke auf mir. Ich bin wie meistens, wenn ich zur Arbeit gehe, ganz in Schwarz gekleidet. Meine Tattoos sind an vielen Stellen sichtbar, vor allem mein Marken-zeichen, der Totenkopf auf meinem Kehlkopf. Die Büroange-stellte hinter mir hat sich ihr Bild von mir bereits gemacht:

drogenabhängig, arbeitslos, Schnorrer. Dass ich auch die Frau auf dem Werbeplakat ihrer Tankstelle oder aus dem Boulevardmagazin auf ihrem Wohnzimmertisch bin, würde ihr nie im Leben auffallen. Kurz vorm Aussteigen drehe ich mich noch einmal um, blicke in ihr erschrockenes Gesicht und schenke ihr ein entwaffnendes Lächeln.

Im Laden angekommen treffe ich auf Dani, meine Kollegin von der vorherigen Nachtschicht. Zuerst machen wir Schichtübergabe. Das heißt gemeinsam alles sauber machen und die Liste abhaken. Auf dieser Liste stehen alle möglichen Handgriffe wie: »Gebrauchte Handtücher aus den Körben entfernt?«, »Bar geputzt?«, »Tresen aufgeräumt?«, »Spülbecken sauber?«, »Putzwasser aufgefüllt?«, »Gläser poliert?«, »Abtropfmatten gereinigt?«, »Toiletten kontrolliert?«, »Duschseife nachgefüllt?«, »Sauna gecheckt?«, »Getränke aufgefüllt?« Dass unser Chef leicht kontrollsüchtig ist, merkt man dem Zettel an. Anschließend machen Dani und ich die Abrechnung, rechnen den Verdienst aus und sie erzählt mir alles über die Vorfälle der letzten Nacht: »Sandra, du glaubst es nicht, aber gestern hat eine Frau auf die Matratze gekackt. Das war vielleicht widerlich.«

»Igitt. Wie ist das denn passiert? Fetisch?«

»Ne, Analsex-Panne, glaube ich. Hab sofort die Putzfrau angerufen, aber es war so viel los, dass ich nicht drum rumkam, die größte Sauerei erst mal selbst wegzumachen. Ekelhaft!«

Ich nehme Dani tröstend in den Arm und kann mir ein Grinsen trotzdem nicht verkneifen.

Auch wenn ich das frühe Aufstehen hasse und mich im Laden morgens oft zu Tode langweile, hat die Frühschicht doch wirklich so einige Vorteile. Immerhin gibt es nicht allzu viele Leute, die ihre Vormittage in einem Swingerclub verbringen. Aber es gibt sie. Sonst hätten wir vermutlich auch nicht 24 Stunden, sieben Tage die Woche geöffnet.

Bevor Dani Feierabend macht, gehe ich noch mal schnell auf Toilette, das kann ich zwar auch während meiner Schicht machen, muss dann aber immer fürchten, dass jemand den Champagner plündert.

Die nächsten acht Stunden stehe ich hinter dem Tresen, fülle Getränkefächer auf, poliere Gläser und beantworte Telefonanrufe wie: »Hey Süße, ist schon was zum Ficken da?«

»Wenn du kommst, bestimmt!«, muss ich dann sagen.

»Was gibt's denn heute Abend?«

»Heute ist ab zwanzig Uhr *100 % Sexgarantie*.«

»Und was soll das sein?«

Ja, unglaublich, aber es gibt immer noch Kundschaft, denen ich dieses mehr als aussagekräftige Motto trotzdem erklären muss.

»Heute Abend kannst du garantiert Sex haben«, erkläre ich kurz und knapp.

»Geil«, sagt er und legt auf.

Dieses Motto hat sich unser geschäftstüchtiger Chef einfallen lassen, um eines der größten Probleme im Swingerclub zu umschiffen, nämlich dass ein Swingerclub von mehr Männern als Frauen aufgesucht wird, obwohl die sogar freien

Eintritt haben. Mit »100 % Sexgarantie« garantieren wir jedem Mann, dass er Sex haben kann. Dazu werden zwei Prostituierte engagiert und bezahlt. Sollte jemand genauer nachfragen, haben wir strenge Anweisung zu sagen, dass diese Frauen natürlich freiwillig hier sind und eben gern viel Sex haben. Dass es sich dabei um wirklich schlecht bezahlte Prostituierte handelt, liegt eigentlich auf der Hand, doch das scheint offensichtlich niemanden zu stören, denn Freitagabend platzt der Laden immer aus allen Nähten. Gefüllt mit hässlichen alten Männern und zwei Prostituierten, die meist nach zwei Stunden völlig betrunken sind. Aber bei der schlechten Bezahlung muss man wenigstens die freien Drinks mitnehmen. Logisch. Und niemand hat gesagt, dass wir Sex mit nüchternen Frauen garantieren, oder?

Als ich gegen halb vier bereits anfange, meine Sachen zusammenzupacken, klingelt es an der Tür. Ich öffne den Sichtspalt und entdecke einen jungen Mann, der mir entgegenlächelt.

»Ist schon was los?«, fragt er durch den Spalt an der Tür.

»Noch nicht die Hölle. Aber das kann nicht mehr lange dauern. Heute ist *100 % Sexgarantie*.«

»Ich weiß. Hatte vorhin angerufen.«

Ich öffne ihm die Tür, zeige ihm die Umkleidekabine und gebe ihm einen Schlüssel für den Spind. Zehn Minuten später steht er splitterfasernackt vor mir an der Bar.

»Ähm, entschuldige«, sage ich verlegen, denn auch nach zweieinhalb Jahren bin ich noch nicht ganz abgebrüht, was komplett nackte Menschen angeht. »Du müsstest dir bitte ein Handtuch um die Hüften legen. Aus hygienischen Gründen.«

»Klar. Kein Problem. Hast du eines da?«

Ich greife in das Fach unter der Bar, reiche ihm ein Handtuch und er tritt einen Schritt zurück, um es sich umzulegen. Ich hatte mir fest vorgenommen, nicht hinzusehen, aber das ist so unmöglich wie nicht an einen Elefanten zu denken. Als mein Blick auf sein bestes Stück trifft, traue ich meinen Augen nicht. Dieser Kerl hat extrem große Hoden, Riesendinger, die nicht gerade vorteilhaft für seinen winzigen Penis sind.

»Da staunst du was?«, sagt der Typ und ich werde sofort knallrot. »Ich habe mir Kochsalzlösung in die Eier gespritzt«, erklärt er aufschlussreich. »Dadurch komme ich intensiver und spritze Minimum zwei Liter ab. Geil, oder?«

Ich reagiere mit Sprachlosigkeit, was mir eher selten passiert, und beschließe, überpünktlich Feierabend zu machen. Denn zwei Liter Sperma will ich heute sicher nicht mehr wegwischen. Vielleicht sollte man diesen Punkt auf unserer Checkliste ergänzen: »Sperma weggewischt?«

2.
WARUM SO WÜTEND?

Tattoos: In Planung

Das früh geborene Bedürfnis, meinen Körper selbst zu gestalten, stieß bei meiner Familie auf Unverständnis und Des-
interesse, so wie eigentlich alles, wofür ich mich begeisterte.
Meiner Schwester war relativ egal, was ich den ganzen Tag
trieb. Obwohl wir uns lange Zeit ein Zimmer teilen mussten
oder vielleicht gerade deshalb, entfernten wir uns mehr und
mehr voneinander und als wir schließlich jede ein eigenes
Zimmer bekamen, gab es plötzlich gar keinen Grund mehr,
miteinander in Kontakt zu treten.

Ehrlich gesagt war ich ziemlich eifersüchtig auf meine
Schwester. Ich hatte immer das Gefühl, sie würde bevorzugt
behandelt und mehr geliebt werden als ich. Ob das wirklich
so war, weiß ich nicht, aber was ich wusste, war, dass ich fast
jeden zweiten Tag mindestens eine Ohrfeige von meiner
Mutter kassierte, gern auch mal zwei oder den Kochlöffel auf
den Po. Ich kann mich nicht daran erinnern, dass sie jemals
die Hand gegen meine Schwester erhoben hätte. Bestimmt
lag das auch daran, dass meine Schwester nun mal ihre
Hausaufgaben machte, anstatt nackte Frauen in Zeitungen,
Designermöbel, Haustiere oder sich selbst anzumalen. Trotzdem fand ich das ungerecht. Ich war so furchtbar enttäuscht,
dass sich meine ältere Schwester nicht für mich einsetzte. Sie
müsste mich doch eigentlich beschützen. Ich fand es schon

schlimm genug, dass sie mich auf dem Pausenhof ignorierte, aber als die Handgreiflichkeiten zu Hause zunahmen und sie sich nicht für mich stark machte, verstand ich gar nichts mehr. Es schien ihr egal zu sein, dass ich Prügel bezog. Diese für mich zum Himmel stinkende Ungerechtigkeit machte mich vor allem eines: hilflos und damit sehr wütend. Meine Pausenhofschlägereien, die mir als Ventil dienten, meine Aggressionen loszuwerden, nahmen zu. Außerdem fing ich an, grundsätzlich alles, was meine Schwester mochte, abzulehnen. Sie mochte Schinken, also hasste ich Schinken und aß, bis ich 16 Jahre alt war, keinen mehr. Leider mochte meine Schwester auch Pilze und Fisch und während meine Speiseauswahl so immer weiter schrumpfte, nahm meine Wut zu. Meine Schwester durfte sich die Lippen schminken und einen Büstenhalter tragen. Wurde ich dagegen im BH und den Stöckelschuhen meiner Mutter vor dem Spiegel erwischt, gab es gleich wieder den Kochlöffel. Dabei verkleidete ich mich einfach nur gern. Die Idee, jemand anderes zu sein, gefiel mir. Am liebsten wollte ich schnell erwachsen sein. Ich wusste zwar nicht genau, was das bedeutete, aber ich wusste, dass erwachsene Menschen sich meist besser wehren und eigene Entscheidungen treffen konnten. Und dass sie nicht mit dem Kochlöffel geschlagen wurden.

In dem seltenen Fall, dass meine Schwester und ich zusammen etwas angestellt hatten, wurde ich einfach für zwei bestraft. Ich hätte sie schließlich angestiftet, hieß es, und meine Rolle als Anstifterin und Sündenbock trug schließlich dazu bei, dass ich mich immer mehr von meiner Schwester und auch von allen anderen Menschen distanzierte.

Ich nahm mir vor, meine Schwester und meine Mutter zu hassen, niemals so zu werden wie sie. Ich wollte mich von ihnen abheben, wollte etwas Besonderes sein. Um jeden Preis. So wie die bunte Frau, die ich im Fernsehen gesehen hatte.

Da man mir zu Hause meist keinen Glauben schenkte, tat ich schon bald nur noch das, worauf ich Lust hatte. Und Lust hatte ich auf alles, was meine Schwester nicht interessierte: auf Verbotenes. Ich fing früh an, heimlich zu rauchen, auszugehen und mich für das andere Geschlecht zu interessieren. Mit 14 begann daher meine wilde Zeit.

Schon bald hatten meine Freundin Stefanie, die Pferdefresse, und ich eine Stammkneipe: das Rossini. Dort verliebte ich mich zum ersten Mal. Er hieß Danny und war in meinen Augen total cool. Ich war 14, Danny schon 17 und machte gerade seinen Führerschein. Danny und ich tranken Whiskey-Cola, spielten Darts, Billard und knutschten auf der Toilette. Dabei war Danny nicht nur cool, weil er älter und auch noch Skater war, sondern vor allem, weil er ein echtes Tattoo hatte. Ein Skateboard auf dem Oberarm. Ich war sofort hin und weg. Doch bereits nach den ersten vier verliebten Wochen änderte sich das.

Es war ein warmer erster Frühlingstag, Danny kam zum ersten Mal mit kurzen Hosen ins Rossini. Als ich seine total behaarten Beine sah, fand ich das so eklig, dass ich sofort

Schluss machte, unter dem feigen Vorwand, meine Mutter hätte mir verboten, ihn zu treffen. Natürlich hatte meine Mutter von Danny überhaupt keine Ahnung, auch nicht von meiner Leidenschaft für Whiskey-Cola und Zigaretten. Aber ich war mir sicher, hätte sie davon gewusst, wäre sie bestimmt dagegen gewesen.

Stefanie gratulierte mir zu dem mutigen Schritt zurück ins Singleleben. Sie fand Dannys Beinbehaarung auch ekelhaft. Umso verwunderter war ich, als sie eine Woche später mit Danny auf der Toilette knutschte und mich in der Schule plötzlich nicht mehr kannte.

Stefanie war die Pubertät gut bekommen, die an mir, bis auf den einen oder anderen Pickel, fast spurlos vorübergegangen war. Während sich bei der großen und schlanken Stefanie mit 14 Jahren schon deutlich Brüste abzeichneten, wollte bei mir außer den Pickeln einfach nichts sprießen. Ich tröstete mich mit dem Gedanken, dass ich wenigstens kein Pferdegesicht hatte und irgendwann einen außergewöhnlichen, bunten Körper haben würde.

Leider half dieser Traum nicht dabei, meine familiäre Situation zu entspannen. Meine Schulnoten hatten sich zwar irgendwo im Bereich befriedigend eingependelt, aber meine neu entdeckte Leidenschaft für Männer, Bars, Alkohol und Zigaretten machten meiner Mutter ordentlich zu schaffen. Denn schon bald roch sie den Braten, oder besser gesagt: den Zigarettenrauch trotz Dunstabzugshaube. Als ich damit aufflog, flippte sie ziemlich aus. »Das Kind gerät auf die falsche Bahn!«, oder »Was sollen da die Nachbarn sagen?«, waren ihre größten Bedenken. Und wer nicht hören will, musste eben fühlen. Also ließ sie ihren Frust an mir aus und ich gab den meinen weiter an Mitschüler und bald auch an meine Schwester. Meine Schwester, die immer alles richtig machte, die natürlich nie zurückschlug, die keinen Alkohol trank und schon nach zwei Rumkugeln betrunken war.

Handgreiflichkeiten standen zu jener Zeit bei uns zu Hause an der Tagesordnung. Wenn das die Nachbarn wüssten!

Mein Vater versuchte, so gut es ging, sich wie immer aus allem rauszuhalten. Als technischer Leiter für einen großen Konzern arbeitete er rund um die Uhr. Er war wohl das, was man einen erfolgreichen Geschäftsmann nennen würde. Für mich war er aber vor allem eines: nicht da. Selbst wenn er anwesend war, zog er es vor, dass seine Frauen »ihre Problemchen« untereinander klären sollten. Meine Mutter sah das anders. Sie hatte längst keine Lust mehr, sich mit mir, dem verhaltensauffälligen Problemkind, auseinanderzusetzen und schickte mich mit 14 Jahren zum Psychologen. Sollte der sich doch mit mir rumschlagen, mich richten.

Aber durch diese Rechnung, so nahm ich mir damals vor, würde ich ihr einen gewaltigen Strich machen. Ich ging genau einmal dorthin.

Die Praxis der Psychologin war in einem grauen Hochhaus am Stadtrand. Zuerst musste ich in dem kleinen Warteraum Platz nehmen, der komplett in weiß gehalten war. Eine ziemlich lieblose und unterkühlte Atmosphäre, gerade für die Praxis einer Kinderpsychologin. An der weißen Wand hing ein einziges kleines Bild. Ich kann mich nicht mehr erinnern, was darauf zu sehen war, aber ich weiß noch, dass es mich furchtbar traurig machte, so einsam und verloren wie es an dieser Wand hing. Kurzerhand nahm ich es ab. Als ich gerade darüber nachdachte, ob ich die sterilen Wände mit Buntstiften verzieren sollte, kam ich an die Reihe.

In der ersten Sitzung musste ich mich eine Stunde lang an einen Computer setzen und Fragen beantworten. So etwas wie: »Bist du oft wütend?« Klares Ja. Das Fragensystem ließ sich noch aushalten, aber als ich im Anschluss dieser Frau, mit derselben Ausstrahlung wie ihr Wartezimmer, gegenübersaß, hatte ich schnell die Schnauze voll. Wieso musste *ich* zum Psycho-Doktor, wenn meine Mutter mich schlug? Wieso nicht sie? Wieso war immer nur ich das Problem?

Ich wünschte, meine Mutter hätte sich nur einmal bei mir entschuldigt oder gesagt, dass sie sich mit mir völlig überfordert und allein gelassen fühlte. Aber stattdessen musste ich alles allein ausbaden, dort in diesem Betonklotz, vor dieser fremden, kalten Frau.

Ich schämte mich, fühlte mich derart unverstanden und ungerecht behandelt, dass ich nach wenigen Minuten jegliche Antworten verweigerte. Anschließend ging ich nach Hause und sagte zu meiner Mutter: »Wenn du mich da noch einmal hinschickst, dann erzähl ich den Nachbarn und Lehrern, dass du mich schlägst.« Daraufhin haute sie mir eine rein und das Thema Psychologe war erledigt. Ein für alle Mal.

Ich zog mich innerlich und äußerlich weiter zurück und versuchte, meine Familie so wenig wie möglich an meinem Leben teilhaben zu lassen. Mein großer Traum war es, sehr früh von zu Hause auszuziehen, um dieser gutbürgerlichen Hölle zu entfliehen.

Als ich 16 Jahre alt wurde, änderte sich dann gleich einiges in meinem Leben. Zuerst verlor ich meine Jungfräulichkeit, und zwar mit Paul Pichler, genau so, wie ich es geplant hatte. Na ja, zugegeben, vielleicht nicht genau so. Es hätte nicht nach einer Party auf dem Fahrersitz eines roten BMW Kombis passieren müssen. Aber mit Paul schon. Er war 21 und ich, Sandra Müller, war so Hals über Kopf in Paul Pichler verschossen, dass ich schon überlegte, ob mir der Name Sandra Pichler gefallen könnte. Paul war Straßenarbeiter und spielte als Schlagzeuger in einer Band. Meistens war er bekifft, aber das störte mich nicht, denn ich fand seinen Schlafzimmerblick total sexy. Paul hatte lange Haare, trug immer ein Basecap und nannte mich »Baby«. Das fand ich heiß, vermutlich weil ich es aus »Dirty Dancing« kannte. Aber andererseits fand ich alles heiß, was Paul sagte oder machte, mit Ausnahme der Nummer im Kombi. Die war alles andere als heiß und das lag nicht nur an den Außentemperaturen, die weit unter null lagen.

Ich erinnere mich, dass »Cruisen« von Massive Töne lief, während Paul an mir rumfummelte. Zum ersten Mal sah ich einen echten Penis aus nächster Nähe, dessen Anblick mich völlig verstörte. Noch viel verstörter wurde ich, als Paul mich dann auch noch mit einem dezenten, aber direkten Griff an meinen Kopf aufforderte, dieses Ding in den Mund zu nehmen. Ich weigerte mich mit einem Kopfschütteln und sah Paul dabei zu, wie er sich den Penis selbst steif rieb. Als es dann tatsächlich losging, war ich völlig unterkühlt und damit alles andere als in Stimmung. Ich ließ alles einfach nur geschehen. Das war das erste und einzige Mal, dass ich wirklich einem Text von Massive Töne zuhörte: »Mit zweihundert PS nehm ich jede Puppe genau unter die Lupe. Ist sie prüde, öl ich ihr Getriebe, mit viel Liebe. Ich zeig ihr meine Einspritzpumpe, weich nie ab von der Route und drehe noch ne Runde.« Ich lauschte den Tönen, um mich von den Schmerzen abzulenken, und Paul rammelte weiter. Aus meiner Lethargie erwachte ich erst, als jemand am Autofenster klopfte, nach einer Zigarette fragte und Paul auch noch völlig selbstverständlich das Fenster runterkurbelte. Ich habe mich furchtbar geschämt. Eigentlich dachte ich, als wir in dieses Auto stiegen, dass wir zu Paul nach Hause fahren würden. Dass wir ein paar Kerzen anzünden und schöne Musik einlegen würden, bevor wir nach einem zärtlichen, langen Vorspiel Liebe machen würden.

»Können wir nicht zu dir gehen?«, fragte ich schüchtern, als Paul wieder volle Fahrt aufnahm.

»Später Baby!«, stöhnte Paul und kam.

Immerhin hatte es nicht allzu lange gedauert. Als Paul keuchend über mir zusammensackte, kramte ich schon nach meinen Zigaretten in der Handtasche. Paul fand, es wäre wirklich »geil« gewesen, bis er den riesigen Blutfleck auf seinem Autositz entdeckte. Das wiederum fand er dann gar nicht mehr so geil. Sein völlig entgeisterter und etwas angewiderter Blick war mir so furchtbar peinlich, also behauptete ich kurzerhand, dass ich wohl meine Tage bekommen hätte.

»Ist ja widerlich!«, sagte Paul und ich wollte ganz plötzlich nicht mehr Sandra Pichler heißen. Wir fuhren an diesem Abend nicht mehr zu Paul. Und auch später nicht mehr.

Das erste Mal war mehr als enttäuschend und ich war mir sicher, von Sex bestimmt für die nächsten Jahre, vielleicht sogar bis zum Ende meines Lebens, genug zu haben. Von nun an, so nahm ich mir an diesem Tag vor, werden alle Herausforderungen im Leben allein gemeistert. Ich wollte mich fernhalten von Freundinnen, die sich meinen Freund trotz starker Beinbehaarung schnappten, von Männern, die mich hinter dem Lenkrad blutig bumsten, von einer Familie, die nichts mit mir gemeinsam zu haben schien, außer eines schrecklich faden Nachnamens.

Ich wollte von jetzt an alles allein entscheiden und allein schaffen. Und endlich meinen Traum ins Rollen bringen. Es war Zeit für mein erstes Tattoo.

Die Hausfrau von heute

Meine Mutter war und ist Hausfrau. Sie kümmert sich um das Wohlergehen ihrer Familie und sorgt dafür, dass zur rechten Zeit das rechte Essen auf dem Tisch steht. Auch wenn sie nicht immer alles richtig gemacht hat, gerade in Bezug auf ihren Umgang mit mir, erfüllte sie doch ihre hausfraulichen Pflichten. Oder versuchte es zumindest. Meine Mutter ist für mich die typische Hausfrau oder eben das, was ich darunter verstehe. Doch hier, an meinem Arbeitsplatz, lernte ich Jahre später die etwas andere Hausfrau kennen. Ob das nun die »Hausfrau von heute« ist oder »die Hausfrau von Berlin« kann ich nicht beurteilen. Aber es gibt sie: die Hausfrauen im Swingerclub.

Sie kommen gern am Montagvormittag. Vielleicht weil ihre berufstätigen Männer am Montagvormittag besonders stark eingespannt sind. Vielleicht aber auch weil Montag der Friseur geschlossen hat und sie deshalb einen anderen Ort für ihre Zusammenkunft benötigen. Denn die Hausfrau kommt selten allein, sondern am liebsten in einer Dreiergruppe, meist eine Hübsche, eine Dicke und eine Schüchterne, die sich eigentlich lieber in einem gemütlichen Café treffen wollte. Aber sie sucht den Anschluss und lässt sich daher von den anderen beiden regelmäßig überreden. Es sei ja nichts dabei! Die Getränke sind umsonst und man könne ja auch nur ein bisschen gucken, oder? Frei nach dem Motto: »Appetit holen kann man sich woanders, aber gegessen wird zu Hause!«

So zumindest stelle ich mir das bei unserer Hausfrauen-
stammgruppe vor, die fast jeden Montagvormittag hier ist.
Außer in den Ferien. Da ist dann doch Familie angesagt.

Dafür, dass sie nur ein bisschen gucken wollen, tragen die
drei offensive Kleidung. Die Hübsche trägt meistens ein viel
zu kurzes Lackkleid, das ihr nicht steht, aber teuer aussieht.
Vermutlich hat es ihr der reiche Ehemann geschenkt, für den
sie es bestimmt noch nie angezogen hat. Die Dicke stellt gern
ihr gewaltiges Dekolleté mit tiefem Ausschnitt zur Schau und
kaschiert den Hintern mit einem weiten schwarzen Rock.
Das ist hier fast schon ungewöhnlich, denn meist sind es die
übergewichtigen Frauen, die am wenigsten anhaben. Gern
nur einen kleinen String, der in der Poritze verschwindet,
und ein Büstenhalter mit Bügel, aber ohne Stoff. Die Schüchterne sieht eigentlich immer ganz hübsch aus. Aber man
sieht ihr an, dass sie sich in der durchsichtigen Bluse nicht
wohlfühlt.

Meist ist mein Chef am Montagvormittag auch vor Ort.
Um die Ladies ein bisschen in Stimmung zu bringen, wie er
immer sagt. Dann schmeißt er eine Runde Sekt. »Den billi-
gen«, flüstert er mir jedes Mal zu, als hätte ich das nach über
zweieinhalb Jahren nicht längst verstanden. Anschließend
wird Smalltalk gemacht und Neuigkeiten werden ausgetauscht.
Zum Beispiel darüber, wo es mit Mann und Kindern dieses
Jahr in den Urlaub hingeht.

»Die Kreuzfahrt letztes Jahr war wirklich ein Reinfall!«,
schimpft die Hübsche. »Deshalb geht's diesmal wieder nach

Mallorca. Da wissen wir wenigstens, was wir kriegen. So wie hier.« Alle kichern. Die Stimmung wird mit jedem Glas etwas ausgelassener, die Gespräche obszöner: »Hoffentlich kriegt mein Mann wenigstens diesmal einen hoch!«

»Ich bin froh, wenn meiner nicht kann!«, schreit die Dicke. Alle prusten vor Lachen, außer die Schüchterne. Die schmunzelt nur in sich hinein und trinkt ihr Glas auf ex. Die Ladies tun gerade so, als würden sie sich hier auf ein Stück Sahnetorte treffen und anschließend noch einen Spaziergang machen. Doch anstelle des Spazierganges wird dann doch noch gevögelt. Nur ein bisschen gucken macht anscheinend doch nicht satt.

Die Hübsche verschwindet gern mit dem Chef in seiner Wohnung, die gleich um die Ecke liegt. Der Chef sagt nämlich immer: »Bier ist Bier und Schnaps ist Schnaps.« Übersetzt soll das heißen, dass er Berufliches und Privates trennen möchte, daher würde er es nie im eigenen Laden treiben. Ob er sie zu Hause beruflich oder privat bumst, habe ich noch nicht verstanden. Ich vermute, dass er wohl einen kleinen Penis hat und nur vermeiden will, dass wir, sein Barpersonal, davon erfahren. Denn das könnte nach seiner Ansicht Autoritätsverlust bedeuten.

Die Dicke verschwindet gern in die Sauna und legt sich danach mit einer Flasche Sekt allein in den Whirlpool. Dort wartet sie, bis jemand kommt, um sie zu beglücken. Unter dem Siegel der Verschwiegenheit verriet sie mir einmal, dass sie es so gern im Wasser treibt, weil sie sich dort federleicht fühlen würde. Nachvollziehbar, wie ich finde. Falls niemand zu ihr den Pool steigt, schläft sie gern betrunken im Becken ein.

Die Schüchterne sitzt dann meist noch bei mir an der Bar und wir hängen unseren Gedanken nach. Jede für sich. Manchmal frage ich mich, was wohl aus Paul Pichler wurde, ob er inzwischen verheiratet ist und was seine Frau wohl am Montagvormittag so treibt? Oder ob er jemals selbst ein solches Etablissement wie das unsere aufsuchen würde, um andere Hausfrauen zu vögeln. Natürlich auch, ob er mich hier und heute erkennen würde. Aber vermutlich kann sich Paul nicht mal mehr an mich erinnern.

Aus meinen Tagträumen werde ich spätestens dann gerissen, wenn es mal wieder an der Tür klingelt. Der erste männliche Gast setzt sich prompt neben die Schüchterne und fragt: »Willst du vögeln?«

Sie nickt und erinnert mich ein bisschen an ein Schulmädchen, das gerade zum Tanzen aufgefordert wurde. Dann verschwinden die beiden im Nebenzimmer auf der großen Matte. Ich kann sie von der Bar aus nicht sehen, nur hören, denn die Schüchterne stöhnt immer am lautesten. Je nackter sie ist, umso mehr lässt sie sich gehen. Wusste ich doch, dass die sich in diesen Klamotten nicht wohlfühlt.

Neben dieser gruppendynamischen Spezies an Hausfrauen gibt es aber auch die mutige Einzelkämpferin. Eine Frau, die ihren Besuch im Swingerclub zwischen allen ihren anderen Verpflichtungen als vorbildliche Hausfrau genau einplant. So eine Frau ist zum Beispiel Luisa.

Luisa ruft vorab immer im Laden an und fragt, ob was los sei. Ihr ist egal, wie der Mann aussieht, nehme ich an, denn sie fragt immer nur: »Ist schon ein Schwanz da?« Falls ich ihr das positiv beantworten kann, steht sie zwanzig Minuten später vor der Tür. Dann mache ich ihr auf und schenke ihr schon mal einen Sekt ein, während sie sich in der Umkleidekabine umzieht. Manchmal fragt Luisa auch nach einem zweiten Spindschlüssel. Denn neben ihren Klamotten muss sie oft auch ihre gerade getätigten Einkäufe verstauen, Obst, Gemüse, Fischstäbchen, Waschpulver. Das Übliche eben. Ist das geschafft, setzt sich Luisa pro forma kurz an die Bar und kippt ihren Sekt auf ex. Währenddessen scannt sie den schummrigen Raum ab, bis sie »den Schwanz« geortet hat. Dann greift sie an. Sie ruft »dem Schwanz« zu, gern auch durch den ganzen Raum, dass sie jetzt Sex haben will, und zwar sofort.

Ich habe nur ein einziges Mal erlebt, dass ihr offenherziges Angebot abgelehnt wurde, und zwar von Thorsten, dem Wichser, was ihm viele Respektpunkte bei mir einbrachte. Aber in der Regel zerrt Luisa dann »ihren Schwanz« hinter sich her in das kleine, etwas intimere Zimmer neben dem großen Gangbang-Zimmer. Dort könnte man durch die Scheiben zusehen, wenn man möchte, aber die ganze Sache geht meist recht schnell über die Bühne. Maximal zehn Minuten später kommt Luisa wieder raus, springt unter die Dusche und dann wieder ab in die Umkleide. Spind auf, Klamotten an, Einkäufe gepackt und schon ist wieder mein Typ gefragt, und zwar pronto: »Sandra! Lässt du mich wieder raus? Ich hab's eilig, muss noch die Kinder von der Schule abholen. Die haben gleich Blockflötenunterricht.«

In solchen Momenten denke ich manchmal, dass meine Mutter vielleicht doch nicht alles falsch gemacht hat.

3.
DREIFALTIGKEIT

Tattoos: Sonne über dem Steißbein; Tribal auf der linken
Pulsader; Tribal auf der rechten Rippe; drei Sterne am
rechten Handgelenk; Om-Zeichen auf dem rechten
Fußrücken; Tribal auf der Innenseite rechter Oberarm

Nach der Misere mit Paul Pichler hatte ich von Männern erst
mal genug. Mein erstes Tattoo, so viel stand fest, sollte daher
unbedingt von einer Frau gestochen werden. Ich hatte Glück,
denn in Leibnitz gab es nur ein Tattoostudio, ohne Konkur-
renz, betrieben von einer Frau. Kurzerhand schwänzte ich
den Unterricht und suchte das Studio auf. Die Tätowiererin,
Frau Eva-Maria Wallner, war Mitte vierzig und eine wahnsinnig sympathische Frau. Auf ihre Frage, was ich mir denn
tätowieren lassen wollte, wusste ich keine konkrete Antwort,
nur dass es passieren musste, und zwar schnell. Denn, so erklärte ich ihr, es wäre nun an der Zeit, meine eigenen Träume
nicht nur zu träumen, sondern auch zu realisieren. Sie
schmunzelte und fragte, ob ich denn eine ungefähre Vorstellung hätte, wie viel es kosten dürfte, und davon hatte ich in
der Tat eine sehr genaue Vorstellung. Schließlich hatte ich
mir ein Budget von ganz genau 150 Euro aus Taschengeld,
Weihnachtsgeld und Geburtstagsgeld mühsam zusammen-
gespart.

Frau Wallner zeigte sich geduldig, bat mich, Platz zu nehmen, und legte mir eine Mappe mit Motivvorschlägen samt

Preisen vor. Genau nach diesem Kriterium habe ich mich dann auch entschieden. Unter den 150-Euro-Motiven gab es eine Sonne, die sollte es werden, und zwar über dem Steißbein. Das war der ideale Platz auf meinem Körper, da ich ihn problemlos bedecken und somit geheim halten konnte. Zu meiner großen Enttäuschung legte Frau Wallner nicht sofort los. Stattdessen musste ich mich auf eine Warteliste setzen lassen. Da sonst niemand im Laden war, nahm ich an, Frau Wallner lege Wert darauf, dass ich über diese folgenschwere Entscheidung besser noch ein Mal schlafe. Doch in jener Nacht tat ich kein Auge zu, wälzte mich hin und her und konnte es kaum erwarten, endlich die surrende Tattoonadel auf meiner Haut zu spüren. Allein der Gedanke daran war der reinste Adrenalinschub. Zum Glück wurde ich schon am nächsten Tag von der Warterei erlöst. Als das Telefon klingelte, sprintete ich wie eine Verrückte los, um vor meiner Mutter am Apparat zu sein. Tatsächlich war Frau Wallner in der Leitung: »Ich habe heute spontan einen Termin für dich. Möchtest du noch die Sonne?«

Und wie ich die wollte! Ich machte mich sofort auf den Weg. Meiner Mutter erzählte ich, ich würde zum Nachhilfeunterricht gehen. Ihr Blick verriet, dass sie mir kein Wort glaubte, aber ich war schon aus der Tür, bevor sie den Mund hätte aufmachen oder die Hand erheben können. Ich zweifelte keine Sekunde daran, dass ich diese Tätowierung haben wollte. Meine einzige Sorge galt den Schmerzen. Ich war seit jeher eine wehleidige Heulsuse und alles andere als ein Indianer. Schmerz und ich standen auf Kriegsfuß.

Als ich bei Frau Wallner ankam, wollte sie wissen, ob ich denn keine Freundin mitgebracht hätte. Ich schüttelte den Kopf und legte die gefälschte Einverständniserklärung meiner Eltern vor. Unterschriften fälschen war eine meiner leichtesten Übungen. Dann ging es los. Das Tätowieren an sich hat nur knappe zwei Stunden gedauert und mich sehr überrascht. Anstatt unerträglicher Schmerzen verspürte ich vielmehr ein Brennen, was zwar nicht gerade angenehm war, aber auszuhalten. Beim Zahnarzt tat es meist mehr weh. Und als ich das fertige Kunstwerk über meinem Steißbein bewunderte, waren alle Schmerzen vergessen und ich der glücklichste Mensch auf der Welt. Auch die nächsten Tage stand ich in meinem abgeschlossenen Zimmer ständig vor dem Spiegel und bewunderte die Sonne auf meinem Körper. Ich konnte kaum fassen, dass diese auch nach dem Duschen immer noch an derselben Stelle war. Ich war wahnsinnig stolz, so stolz, dass ich meine Tätowierung zwar vor meiner Familie geheim hielt, aber ansonsten keine Möglichkeit ausließ, sie herzuzeigen. Natürlich ganz beiläufig. Anstatt mich wie sonst nach dem Sportunterricht in einer Ecke zurückgezogen umzuziehen, ließ ich nun sichtbar die Hüllen fallen und kramte ewig lange nach einem frischen T-Shirt. Während mir zuvor niemand Beachtung schenkte, ich bei Fachgesprächen über den richtigen BH bewusst nicht miteinbezogen wurde, staunten die anderen Mädels nun nicht schlecht, als sie meine Tätowierung sahen.

»Ist die echt?«

»Tat das weh?«,

»Wissen deine Eltern davon?«

Ich wurde mit Fragen geradezu durchlöchert und hatte zum ersten Mal das Gefühl dazuzugehören, respektiert und vielleicht sogar beneidet zu werden. Ich war selbst verblüfft, wie so eine kleine Zeichnung mein Selbstbewusstsein stärken konnte. Vermutlich war es nicht die Tätowierung an sich. Ich war stolz, dass ich etwas geschafft hatte, das ich mir schon so lange vorgenommen hatte. Damit war ein Anfang gemacht, mein Traum ins Rollen gebracht. Und ich, ich hatte Blut geleckt. Ich wollte mehr. Unbedingt.

Von der Sonne erzählte ich meinen Eltern nichts. Nur von einer weiteren wichtigen Entscheidung, die ich in dieser Zeit traf. Diese fällte ich, als ich mal wieder als einziges Mädchen in der »Laptop-Klasse« saß. Ich arbeitete wie immer allein an einem Computer, weil die Nerds um mich herum es uncool fanden, mit »dem Mädchen« zu arbeiten. Als uns der Lehrer aufforderte, uns in Zweiergruppen zusammenzusetzen und sich ausgerechnet Phillip mit den Hamsterbacken neben mich setzen sollte, sagte er: »Neben die? Die hat 'nen IQ so hoch wie eine Teppichkante!« Die Klasse brach in Lachen aus. Ich stand auf, knallte der Hamsterbacke eine und verließ das Klassenzimmer mit dem Vorsatz, es nie wieder zu betreten.

Zu Hause angekommen teilte ich diese Information auch meinen Eltern mit. Ich sagte, dass ich die Schule abbrechen und eine Lehre beginnen würde. »Ich will Geld verdienen und hier endlich ausziehen!«

Meine Mutter schmierte mir eine und ich sperrte mich die nächsten zwei Tage in meinem Zimmer ein.

In dieser Zeit der Zwangsklausur schmiedete und perfektionierte ich meinen Plan. Ich wusste, dass meine Eltern es nie zulassen würden, dass ich die Schule schmiss. Denn was würden da die Nachbarn sagen? Da ich aber eh schon einmal sitzen geblieben war, nahm ich mir vor, einfach noch ein zweites Mal sitzen zu bleiben, denn bei einer zweiten Ehrenrunde in derselben Jahrgangsstufe müsste ich die Schule gezwungenermaßen verlassen. Nichts leichter als das! Die Idee gefiel mir sehr gut. Mit der kleinen Einschränkung, dass ich den Rest des Schuljahres noch durchhalten musste, verließ ich also nach zwei Tagen mein Zimmer (auch, weil ich echt Hunger hatte) und ging stoisch weiterhin in den Unterricht.

Es lagen noch über sechs grausame Monate vor mir. Ich saß unregelmäßig und äußerst passiv auf meiner Schulbank, machte keine Hausaufgaben mehr und gab bei allen Tests leere oder einfach nur schön bemalte Blätter ab. Ich versteckte mich auf der Schultoilette, um heimlich zu rauchen, oder schwänzte den Unterricht komplett. Dazu schrieb ich mir selbst Entschuldigungen mit gefälschter Unterschrift meiner Eltern und ausgedachten Krankheitsdiagnosen wie »Bore Out«. Meine freie Zeit, wovon ich ja jetzt genug hatte, nutzte ich wie immer sinnvoll. Zum Beispiel färbte ich mir ständig die Haare. Von lila über blau, orange bis zu schwarz. Hauptsache, ich konnte provozieren und sah anders aus als die anderen. Neben meinem aufwendigen Styling begann ich bald, auf der Zugtoilette versteckt nach Graz zu fahren. So sparte ich mir das Ticket und den Unterricht. Stattdessen verbrachte ich einen schönen Tag mit Bummeln, bevor ich pünktlich zum Schulschluss wieder zu Hause auftauchte. Kam ich zu spät, sagte ich einfach: »Ich musste nachsitzen.« Das klang für meine Mutter immer am realistischsten.

Bei einem dieser Stadtbummel entdeckte ich eine Ausschreibung auf einen Schüler-Nebenjob im Lager einer Schraubenfabrik. Ich bewarb mich, bekam den Job und fuhr regelmäßig nach der Schule mit dem Zug dorthin, um in der Technikabteilung einer riesigen Lagerhalle zu schuften. Meiner Mutter erzählte ich, dass ich mich im Schultheater angemeldet hätte und wir jeden Tag bis spät proben müssten. Vermutlich hat sie mir das nie abgenommen, doch solange mich nicht die Polizei nach Hause brachte, war ihr vermutlich egal, wie ich meine freie Zeit gestaltete. Anstatt den Sommernachtstraum auswendig zu lernen, habe ich stundenlang Schrauben sortiert, abgewogen, ihr Gewicht errechnet und Inventur gemacht. Das Geld, das ich verdiente, packte ich in meine Spardose. Die Zeit des Weggehens und Feierns war nun, in meinem 17. Lebensjahr, auch schon wieder vorbei. Ich hörte sogar auf zu rauchen, um noch mehr sparen zu können. Da soll einer noch mal behaupten, ich hätte keinen hohen IQ! Am Tag der Theateraufführung war ich übrigens ganz plötzlich furchtbar krank. Hohes Fieber. Leider.

Mein raffiniertes Geschäftsmodell ermöglichte mir noch während des letzten Schuljahres sechs weitere Tattoos bei der lieben Frau Wallner, die mir mehr und mehr ans Herz wuchs. Der Sonne folgte ein schwarzes Schriftzeichen auf der linken Pulsader, das ich geschickt mit einem Schweißband zu verstecken wusste. Einen Monat später träumte ich nachts von einem großen schwarzen Tribal, also einer Art Ornament mit schnörkeligem Muster, das ich über die Rippen nach oben gezogen trug. Ich stand sofort auf, zeichnete es in vielen Stunden aus meiner Erinnerung nach und legte es Frau Wallner vor. Vier Stunden später war ich um einen großen Teil nackter Haut ärmer und sehr viel glücklicher. Einen Monat später folgte mein erstes buntes Tattoo: drei Sterne in rot, gelb und grün am rechten Handgelenk. Von nun an trug ich Stulpen und, um meine Körperkunst vor meinen Eltern weiterhin geheim zu halten, auch bald keine offenen Schuhe mehr. Denn mein fünftes Tattoo war ein Om-Zeichen auf dem rechten Fußspann, zu jener Zeit eine sehr ungewöhnliche Stelle für ein Tattoo. Das Om hatte ich zum ersten Mal auf dem dritten Album von »Soulfly« entdeckt, meiner damals absoluten Lieblingsband. Ich recherchierte und verliebte mich sofort in die Bedeutung der Dreifaltigkeit: Geburt-Leben-Tod, Morgen-Tag-Nacht.

Die Tatsache, dass ich immer noch versuchte, zu Hause meine Tätowierungen geheim zu halten, beanspruchte mehr und mehr Zeit, Aufwand und Geschick. Badezimmer absperren, Stulpen und Schweißband anziehen, T-Shirt immer in die Hose, Socken nicht vergessen. Ich war zu einem echten Verkleidungsprofi geworden.

Das ganze Spiel flog erst auf, als mich meine Mutter eines Tages bei starkem Gewitter ausnahmsweise in die Schule fuhr. Beim Aussteigen blieb der Gurt an meinem T-Shirt hängen, zog es nach oben und entblößte die Sonne.

»Sandra? Was ist das auf deinem Rücken?«

»Wo?«

»Na, hier! Über dem Steißbein.«

»Nichts.«

»Sandra?«

»Ja?«

»Geht das wieder weg?«

»Gott sei Dank nicht!«

»Das seh ich anders.«

»Ich finde es schön.«

»Ich nicht.«

»Musst du auch nicht. Ist ja mein Rücken.«

Sie seufzte. »Das musst du selbst wissen.«

»Eben.«

Damals hat mich meine Mutter zum ersten Mal so richtig überrascht, denn das große Donnerwetter blieb aus. Und so gab ich nach und nach meine Verhüllungsstrategien auf. Unverständiges Kopfschütteln oder ein »So heiratet dich bestimmt keiner« von meinem Vater war alles, womit ich mich auseinandersetzen musste. Heute denke ich, dass meine Eltern längst resigniert hatten, was ihre Erziehungsversuche bei mir betraf. Ich für meinen Teil warf auch meine letzten Bedenken über Bord und entwarf ein buntes, in türkis und lila gehaltenes Tribal für die Innenseite meines rechten Oberarms. Frau Wallner war mehr als skeptisch. So große Tätowierungen in Farbe waren damals noch nicht üblich. Zumindest nicht in Leibnitz. Die Farbe könnte verblassen. Ich versicherte ihr, dass ich mir des Risikos bewusst wäre und es trotzdem genauso wollte. Groß und bunt. Bereut habe ich es nur einmal. Und zwar im Moment des Stechens. Ich hatte ja keine Ahnung, dass Innenseite Oberarm so höllisch weh tut. Aber wie sagt man so schön? Wer schön sein will, muss leiden. Auch in Österreich.

Nachtgestalten. Oder: billig & willig

Heute ist ein ganz normaler Dienstagabend. Motto: »billig & willig«. Das Telefon klingelt schon wieder. Ich hebe ab, kann aber kaum ein Wort verstehen, weil nicht nur aus den Nebenzimmern schon heftiges Stöhnen dringt, sondern auch der »Heimatfilm« mal wieder auf voller Lautstärke läuft. Am Apparat ist ein Mann, der schon etwas älter klingt. Da ich ihn so schlecht verstehe, frage ich zweimal nach. Tatsächlich hatte ich ihn schon beim ersten Mal richtig verstanden und nur gehofft, mich vielleicht verhört zu haben, denn er fragte: »Muss ich mich untenrum rasieren, also am Sack?«

»Mach das so, wie du dich wohlfühlst!«, antworte ich diplomatisch ausweichend und weiß zugleich, dass mein Chef mit dieser Antwort überhaupt nicht zufrieden wäre. Denn seine Devise lautet: »Je glatter die Schwänze und Muschis, umso besser.« Je weniger Haar, desto weniger muss gereinigt und gesaugt werden. Der Boss hat aber auch wirklich alles bedacht.

Eine halbe Stunde später klingelt es schon wieder, diesmal an der Tür. Ich schiebe den Sichtspalt auf und erblicke einen älteren Herrn, vielleicht um die siebzig Jahre. Als ich die Tür öffne, deutet er eine formvollendete Verbeugung an, ganz nach alter Schule.

»Entschuldigen Sie, Fräulein. Ich wollte mich nur erkundigen, ob schon Damen vor Ort sind?«

Fräulein? Das finde ich herrlich. So schön hat sich noch nie jemand bei mir nach irgendwas erkundigt. Und schon gleich gar nicht nach *Damen*.

»Aber selbstverständlich«, sage ich. »Da haben Sie Glück, denn heute ist ›billig & willig‹ Wollen Sie eintreten?«

Er nickt zögerlich und antwortet verlegen: »Gern. Aber dann hole ich schnell noch mein Gebiss!«

Ich schließe die Tür und kann ein lautes Lachen nicht mehr unterdrücken. Der eine muss sich rasieren, der andere seine Zähne holen. Ich hoffe nur, es handelt sich nicht um ein und denselben Mann. Ob über Siebzigjährige überhaupt noch Schamhaare haben? Und falls ja, ob die nass rasieren? Mit zittriger Hand? Schnell versuche ich, das Bild wieder aus meinem Kopf zu verbannen. Feststeht: Menschen sind nun mal eitel. Manche mehr, manche weniger. Das Alter spielt dabei wohl keine große Rolle. Alle wollen irgendwie schön sein. Doch wenn es hier, in unserem freizügigen Etablissement, um eine Sache nicht geht, dann ums Schönsein. Geil sein, ja. Schön sein? Nicht wirklich. Das ist eher Ansichtssache und sehen kann man hier wiederum nicht wirklich viel. Denn hier ist es schrecklich dunkel und das soll es auch sein. Dunkelheit verbindet. Und so passiert es auch, dass hier im Swingerclub Menschen aufeinandertreffen, die sich im echten Leben nie begegnen würden. Der Oberarzt trifft auf die Kassiererin. Die Maklerin auf den Busfahrer. Der Handwerker auf die Anwältin. Der Versicherungsmakler auf die Obdachlose. Genau davon gibt es hier übrigens jede Menge:

gewiefte, obdachlose Frauen, die sich mit Clubs wie unserem durch das Leben schnorren. Vermutlich ist nur den wenigsten bewusst, dass Swingerclubs für viele obdachlose Frauen ein luxuriöses Auffangbecken sind, denn mit unserem Angebot an Essen, Trinken und Service kann die Berliner Tafel mit Lebensmittelspenden kaum mithalten. Noch dazu haben wir sieben Tage die Woche, 24 Stunden am Tag geöffnet und für Frauen ist der Eintritt frei! Damit stecken wir jede offizielle Anlaufstelle für Obdachlose mit links in die Tasche. Da man einer nackten Frau, noch dazu im Halbdunkeln, nur selten ansieht, dass sie auf der Straße lebt, spricht auch nichts dagegen, diese Frauen reinzulassen. Manchmal riecht man es, aber dafür kann man bei uns ja duschen. Der Chef freut sich über jede »Muschi«, die er nicht bezahlen muss, und die Muschis freuen sich über ein warmes Plätzchen.

Eine solche Stammkundin ist unsere Sabine. Sie ist 33 Jahre alt, arbeitslos, lebt auf der Straße und hat, sie wird nie leid, damit zu prahlen, noch nie in ihrem Leben gearbeitet. Sie wüsste auch nicht, wieso. Schließlich gibt es Clubs wie den unseren, in dem man sich alles Lebensnotwendige besorgen kann: Essen, Trinken, Toilette, Dusche, Matratze zum Schlafen oder, wenn man möchte, auch zum Ficken. Noch dazu kann sie sich hier nicht nur waschen, sondern nach Lust und Laune auch im Whirlpool liegen oder in der Sauna schwitzen. Der Swingerclub ist für Sabine das reinste Spa.

»Wozu arbeiten?«, fragt sie mich immer, wenn sie vor mir an der Bar sitzt, so wie heute, und sich einen Cuba Libre nach dem anderen reinkippt. Nur einmal, da ist sie etwas knapp bei Kasse gewesen, vor ungefähr fünf Jahren. Doch dann hat sie kurzerhand einen Ausländer geheiratet und sich für ein wenig Taschengeld auf diese Scheinehe eingelassen, bis er sie krankenhausreif geprügelt und Sabine doch wieder das Weite beziehungsweise die Straße gesucht hat. Heute geht es ihr gut, auch ohne Wohnung. »Lieber ohne Dach über dem Kopf und frei, als auf Amt betteln müssen!«, findet Sabine. »Ich komm auch so über die Runden. Machst du mir noch einen Cuba?«

Dass Sabine irgendwie über die Runden kommt, mag ja stimmen, aber man sieht es ihr leider auch an. Sogar im Dunkeln. Sabine ist ungepflegt, hat kaffeegelbe Zähne, unreine Haut und riecht sehr streng, auch nach der Dusche. Ihr Haar ist schlecht gefärbt, dafür immer schön fettig. Noch dazu ist sie seltsamerweise viel zu dick. Doch ihr äußeres Erscheinungsbild scheint hier niemanden zu stören. Denn Sabine legt reihenweise Männer flach, zum Teil auch richtig gut aussehende, die in unserem Etablissement eher die Ausnahme darstellen, aber die Regel bestätigen. Denn es gibt sie, die gut aussehenden Männer im Swingerclub. Und auch die geben sich nach genug Alkoholkonsum und bei ausreichender Dunkelheit Sabine gern hin. Oder vögeln sie im Stehen neben dem Damenklo. Denn da macht es Sabine am liebsten. Warum weiß ich nicht genau. Sie sagt, es macht sie an, »gegen eine gekachelte Wand gefickt zu werden« und dabei die Blicke anderer Frauen zu ernten, die sie

»um den Schwanz zwischen ihren Beinen« beneiden würden. Ach so.

»Bin erst einmal schwanger geworden!«, prahlt Sabine heute. Doch ihr inzwischen zwölfjähriger Sohn wohnt bei seinen Großeltern. Wo auch sonst, wenn der Vater unbekannt ist und die Mutter ein Dach über dem Kopf für unnötigen Luxus hält?

Als an diesem Abend die Tür erneut klingelt, steht der ältere Herr wieder vor der Tür. Er grinst mich mit einem breiten Lächeln an und strahlend weiße Zähne kommen zum Vorschein.

»Ich wäre dann so weit!«

»Hereinspaziert«, sage ich und hoffe inständig, dass er nicht an Sabine gerät. Denn dieser Mann sieht nach einer rentablen Erbschaft aus.

4.
BRAVEHEART

Tattoos: Schwalbe auf dem Bauch; zwei Tribals auf den
vorderen Schulterblättern; großer roter Stern, Schriftzug
»Hope«, zwei Kirschen, bunter Hintergrund samt
Sternen auf dem Dekolleté; Tiger auf Koi über den
kompletten Rücken

Am Ende des Schuljahres war ich um sieben Tattoos bunter
und der glücklichste Mensch der Welt. Denn am Tag der
Zeugnisvergabe bekam ich es schwarz auf weiß: Ich hatte mit
Auszeichnung versagt. Auf ganzer Linie. Sandra Müller war
nicht nur durchgefallen, sondern musste die Schule verlassen.
Herzlichen Glückwunsch! Schule war damit Geschichte.

Meine Eltern waren am Boden zerstört, ungefähr fünfzehn Minuten lang. Dann rangen sie mir das Versprechen
ab, mich ab sofort um eine Lehrstelle zu bemühen. Ein Versprechen, das ich Ihnen gern gab. Schließlich hatte ich ein
großes Ziel vor Augen: Geld verdienen, ausziehen und viele
weitere Tattoos. Zugegebenermaßen hatte ich nicht wirklich
Ahnung, was ich beruflich machen wollte. Ich wusste nur,
dass ich gern etwas mit Kunst machen würde. Allerdings
spuckte der Arbeitsamt-Schnelltest für Jugendliche ein anderes Ergebnis aus: Einzelhandel. Einzelhandel? Das klang
alles andere als bunt, künstlerisch oder kreativ. Es klang
langweilig, allerdings zumindest auch nach Geld verdienen.
So kam es, dass ich einen Schnuppertag im Einzelhandel

absolvierte, in der Filiale eines Drogeriemarktes in Leibnitz. Ich war so schrecklich aufgeregt, dass ich morgens keinen Bissen runterbekam. Vor Ort wurde ich sofort in einen schönen weißen Kittel gesteckt und mit der Inventur beauftragt. Das kannte ich schon aus der Lagerhalle meines Ferienjobs, doch im Gegensatz zu verrosteten Muttern und Schrauben gab es hier lauter bunte Tuben und Fläschchen. Bodylotion, Shampoo und vor allem Beautyprodukte, so weit das Auge reichte. Statt die Mittagspause mit so etwas Unwichtigem wie Nahrungsaufnahme zu verplempern, stöberte und sortierte ich weiter in der Beauty- und Make-up-Abteilung, die mich am meisten faszinierte, und klappte so aufgrund meines leeren Magens gleich am Schnuppertag ohnmächtig zwischen den Regalen zusammen. Aller Anfang ist schwer, oder?

Mit dem Ziel vor Augen, später einmal in einem aufregenden Make-up-Laden zu arbeiten, entschied ich mich tatsächlich für eine Lehre im Einzelhandel. Allerdings nicht in jenem Drogeriegeschäft, sondern aus pragmatischen Gründen bei einem großen Sportfachgeschäft in Graz, das dementsprechend weiter von zu Hause entfernt lag. Die nächsten drei Jahre pendelte ich jeden Tag 36 Kilometer mit der Bahn von Leibnitz nach Graz und zwischen Familienhölle und dem Geschmack von Freiheit hin und her. Ich ging abwechselnd zur Berufsschule oder stand im Laden und verkaufte Sportartikel. Zum ersten Mal in meinem Leben war ich in regelmäßigem Kontakt mit anderen Menschen. Bei meiner Arbeit lernte ich nicht nur Sozialverhalten, sondern auch die unterschiedlichsten, schrecklichsten und interessantesten Menschen kennen. Ich erinnere mich noch immer an eine fast achtzig Jahre alte Frau, die sich bei mir in der Laufabteilung nach Turnschuhen mit guter Dämpfung erkundigte. Denn ihr System, Slipeinlagen in die Schuhe zu legen, wäre inzwischen wohl etwas überholt, darin waren wir uns einig. Ich mochte sie, so wie eigentlich den großen Teil der Kundschaft, und es gab nur wenige Ausnahmen, die mich in den Wahnsinn trieben. Dazu gehörten die Leute, die sich von vorn bis hinten bedienen ließen. Erwachsene Menschen mit gesunden Händen, die von mir erwarteten, dass ich ihnen die Schnürsenkel zuband. Auch schlimm waren Jugendliche, die zig Paar Schuhe anprobierten, ein wahnsinniges Chaos hinterließen und nach deren Auftauchen man am Ende des Tages beim Aufräumen feststellen musste, dass in einem Karton nicht mehr die neuen Nikes, sondern abgelatschte Aldi-Schuhe waren.

Doch trotz all dieser Ausnahmen kamen in dieser Zeit zum ersten Mal in meinem Leben Menschen auf mich zu. Menschen, die mich baten, ihnen zu helfen, sei es auch nur bei der Wahl der richtigen Skijacke. Das Gefühl, um Rat gefragt zu werden, kannte ich bisher nicht. Daher machte mir das Verkaufen auch von Anfang an so unglaublichen Spaß.

Meine Tätowierungen waren zum Glück für meinen Chef kein Problem. Das lag vielleicht auch daran, dass er selbst am Oberarm tätowiert war. Allerdings bat er mich trotzdem, im Sommer bitte nicht bauchfrei zu kommen und gern immer meine Schultern samt Oberarmen zu bedecken. Ich hielt mich daran. Immer. Na ja. Fast immer. Denn eines Tages bediente ich einen Mann, der sehr stark tätowiert und auf der Suche nach einem Fahrradhelm war. Als er seine Mütze abnahm, um einen Helm zu probieren, entblößte er eine komplett tätowierte Glatze, deren Zeichnungen bis ins Gesicht reichten. Ich konnte nicht anders, als ihn darauf anzusprechen und wir kamen sehr schnell ins Gespräch. Als er mir dann sagte, dass er selbst als Tätowierer in Graz arbeitete, konnte ich nicht umhin, ihm hinter einem Stapel Fahrradhelme meine Schätze zu zeigen. Das war wohl der Beginn meiner langjährigen Freundschaft mit dem Mann, der sich mir mit dem so wunderlichen wie auch passenden Namen Brave vorstellte.

Schon wenige Tage nach unserer ersten Begegnung suchte ich Brave nach meiner Schicht auf und sah mich in seinem Tattoostudio um. Ich war so fasziniert, dass ich ihn spontan fragte, ob ich bei ihm lernen könnte und ob er meine nächsten Tattoos stechen würde. Beides setzten wir um.

Brave war nicht nur um einiges günstiger als Frau Wallner mit ihrer Monopolstellung in Leibnitz, sondern schlug mir auch noch einen verlockenden Deal vor. Da er begeisterter Radrennfahrer war, bot er mir einen Nachlass für meine Tätowierungen an, wenn ich für ihn Fahrradzubehör mit meinem Mitarbeiter-Rabatt um 20 % günstiger einkaufen könnte. Ich stimmte sofort zu. Schließlich verfügte ich nur über ein geringes monatliches Lehrlingsgehalt und Braves Vorschlag, dass ich bei ihm unentgeltlich lernen und mich als Assistentin nützlich machen könnte, gab den entscheidenden Ausschlag.

Von da an fuhr ich oft auch an Sonntagen die 36 Kilometer mit der Bahn nach Graz, machte stundenlang Maschinen sauber, lernte von Brave, wie man diese auseinander- und wieder zusammenbaute und versuchte mich anschließend selbst daran. Brave war ein wahnsinnig geduldiger, lebenslustiger und kommunikativer Mensch. Er erzählte sehr viel von seiner Arbeit und Kollegen, die ihm seinen Erfolg nicht gönnten und gern nach Gelegenheiten suchten, ihn wegen irgendwelcher Lappalien anzuzeigen. Er war zwar gut 15 Jahre älter als ich, aber ich fühlte mich unglaublich wohl mit Brave. Ernst genommen, so wie damals von meinem Opa.

Natürlich war Brave auch ein Mann, was hieß, dass er gern flirtete. Meistens mit der Kundschaft und nur im Spaß auch mit mir. Irgendwie war immer klar, dass wir die freundschaftliche Ebene nicht überschreiten würden. Ich lernte schon bald seine Frau samt der beiden Kinder kennen und wurde schnell als Bekannte und Freundin nicht nur akzeptiert, sondern sehr herzlich aufgenommen.

In diesen drei Jahren meiner Lehre kam ich meinem großen Ziel eines Ganzkörpertattoos mit Braves Hilfe und Können einen großen Schritt näher. Das erste Tattoo, das er mir gestochen hat, war eine bunte, relativ große Schwalbe links auf meinem unteren Bauch, die ich selbst gezeichnet hatte. Kurze Zeit später folgten zwei faustgroße Tribals auf der linken und rechten Seite meines vorderen Schulterblattes. Und als ich im Dezember einen ordentlichen Weihnachtszuschlag bekam, komplimentierten wir mein Dekolleté mit einem großen roten Stern, dem Schriftzug »Hope« und jeweils zwei Kirschen links und rechts des Sterns. Der gesamte Hintergrund wurde in türkis und blau gehalten, mit vielen kleinen Sternen. Im Gegensatz zu Frau Wallner schreckte Brave, getreu seinem Namen, nicht vor Farbe zurück. Ich entschied mich für den Schriftzug »Hope«, da ich zu jener Zeit große Hoffnung schöpfte, nach all den Jahren, in denen ich mich unverstanden, ungeliebt und alleingelassen gefühlt hatte, nun glücklich zu werden und meinen Weg zu finden. Dieses Tattoo sollte mich für immer daran erinnern, dass auf schlimme Zeiten auch gute folgten und dass noch nichts verloren ist, solange man noch Hoffnung hat.

Als ich in das dritte Lehrlingsjahr kam und damit auch mein Gehalt stieg, gingen wir endlich meinen Rücken an. Ich hatte Brave gebeten, dazu ein Motiv zu entwerfen, und war begeistert, als ich den Tiger sah, der auf einem Koi ritt. Denn der Tiger ist nicht nur mein Lieblingstier, sondern auch mein chinesisches Sternzeichen und steht für Stärke. Das Tattoo war so groß, dass wir es in mehreren Sitzungen umsetzen mussten. Insgesamt lag ich sieben bis acht Mal je vier Stunden unter der Nadel. Der Schmerz war erträglich, aber wie ich heute weiß, steckt man den auch einfach besser weg, je jünger man ist. Und das gilt nicht nur für körperliche Schmerzen.

Rudelbumsen

Heute habe ich mal wieder die Arschkarte gezogen. Dani hat sich krank gemeldet und ich muss einspringen, um ihre Schicht zu übernehmen. Ausgerechnet Donnerstagabend, zum Gangbang. Seit bei Dani diese eine Frau aufs Bett gekackt hat, ist sie seltsamerweise immer donnerstags krank. Der Donnerstag ist wohl auch der Tag in der Woche, an dem am meisten Kundschaft kommt. Anfangs war ich daher immer bereit, am Donnerstag zu arbeiten, da ich hoffte, dass viel Trinkgeld fließt, aber das war ein klassischer Anfängergedanke. Denn unsere Kundschaft denkt nicht an den hervorragenden Service, den wir, die wirklich nicht gerade überbezahlten Thekenkräfte, leisten müssen, während alle anderen Geschlechtsverkehr haben. Unsere männliche Kundschaft denkt: Ich bezahle sechzig Euro Eintritt, Service inklusive. Mehr Geld wird nicht ausgegeben, und das, obwohl sogar die Kondome umsonst sind. Die einzige Chance, an einem Donnerstag an etwas Extrageld zu kommen, ist, Singlemännern schöne Augen zu machen und sie zur Bestellung von Champagner zu überreden. Denn Champagner kostet extra, 129 Euro die Flasche und 30 Euro davon gehen dann als Provision an mich. Daher habe ich mich auch längst auf das Champagner-Verkaufen spezialisiert.

Egal ob mit oder ohne Champagner: »Gangbang« ist eine der lukrativsten Veranstaltungen für den Laden und unseren ausgefuchsten Chef, denn donnerstags wird es immer bumsvoll.

Die Party startet »erst« um zehn Uhr morgens, dennoch gibt es schon ab acht oder neun Uhr Männer, die auf potentielle Bumsobjekte warten. Neben diesen armen Gestalten und den bestellten Frühstücksplatten kommen um diese Uhrzeit auch schon mal zwei Prostituierte, die für je acht Stunden gebucht sind. Ab mittags läuft dann das Telefon heiß. Männer rufen an und fragen, ob schon was zum Ficken da ist. Um 14 Uhr und um 16 Uhr kommt je eine weitere Dame. Damit befinden sich dann vier Prostituierte vor Ort, die sicherstellen, dass bis Mitternacht immer ein bis zwei Frauen regelmäßig »auf die Matte« gehen können. Die Matte, so nennen wir die riesige Matratze in unserem Gangbang-Zimmer, die genug Platz für eine fickende Horde notgeiler Männer bietet. Die Prostituierten, die ihre wahre Identität natürlich geheim halten müssen, sind dazu verpflichtet, in ihren acht gebuchten Stunden jeweils vier Gangbangrunden mitzumachen. Für diese acht Stunden bekommen sie 250 Euro auf die Hand. Neben diesen mehr als untertariflich bezahlten Frauen wird auch eine weitere »Dame« gebucht, die Fisting anbietet. Für zwölf Stunden bekommt sie lächerliche einhundert Euro. Stammkunden kennen sie bereits und andere erkundigen sich nach der Fisting-Queen. Man kann ja nicht jeder Frau einfach ungefragt die Faust in die Vagina schieben, oder?

Zusätzlich zu den vielen geilen Singlemännern finden sich am Gangbang-Abend auch sehr viele Paare ein. Denn tatsächlich gibt es mehr Paare, als man denkt, die es aufregend finden, wenn *er* dabei zusieht, wie seine Frau oder Freundin gleichzeitig von zehn Typen gebumst wird. Dann stehen die Männer daneben und holen sich mit leidvollem Gesichtsausdruck einen runter oder mischen auch mal eine Runde mit.

Die wenigen Frauen, die Donnerstagabend da sind, ohne bezahlt zu werden, kommen um zuzusehen oder um zu essen. Meistens sind das Frauen wie Sabine, arbeitslose und obdachlose. Denn donnerstags gibt es mehr Essen als sonst. Frühstück ab zehn Uhr, später Nudeln, Schnitzel, Kartoffelsalat und natürlich passenderweise Würstchen ohne Ende. Abends wird dann eine kalte Platte mit obligatorischem Mettigel serviert, frei Haus von den Eltern des Inhabers, die diese in liebevoller Detailarbeit in der heimischen Küche selbst anrichten.

Der für mich ekligste Teil des Abends betrifft allerdings unsere Hygienevorschriften: Obwohl jeden Donnerstagmorgen eine Reinigungskraft kommt, muss ich zwischen den Gangbangrunden immer die Matte sauber halten. Dabei frage ich mich jedes Mal, ob die Kunden zu Hause auch so ein Schlachtfeld hinterlassen. Ich habe schon Kondome von der Wandlampe gefischt, weil es anscheinend niemand schafft, diese in den vorgesehenen Mülleimer in der Ecke zu werfen. So werde ich an Donnerstagen nicht nur zur unterbezahlten Barfrau, sondern auch zur sehr schlecht bezahlten Putzfrau. Wenn man über die Verhältnisse hier länger nachdenkt, wundert man sich gezwungenermaßen, wieso das Ordnungsamt nichts davon weiß. Oder die Polizei. Oder

Amnesty International! Wozu sonst gibt es den Gesetzesartikel über die Würde des Menschen? Das alles habe ich natürlich nicht geahnt, als ich die Stelle angenommen habe. Aber ich bin ja auch nur ein naives Mädchen aus der Steiermark – mit einem verdammt geschmacklosen Donnerstagabendprogramm.

5.
LIEBE UND HASS

Tattoos: Sterne neben dem rechten Auge; Rose samt
Schriftzug »Liebe« und »Hass« auf dem Hals

Die drei Jahre meiner Ausbildung vergingen wie im Flug. Zum einen, weil ich sehr viel von zu Hause weg war, und zum anderen, weil mir nicht nur meine Arbeit wahnsinnigen Spaß machte, sondern ich auch meine Freizeit endlich mit dem zubringen konnte, was mich interessierte. Brave wurde in diesen Jahren zu einer Art Seelenverwandtem für mich. Er war ganz sicher auch ein Grund, warum ich nach Abschluss meiner Lehre erst mal im Einzelhandel und auch in dem Sportgeschäft in Graz blieb. Ein weiterer Grund war, dass ich als Verkäuferin Erfolg hatte. Nachdem ich meine Lehrprüfung mit einer hervorragenden Gesamtnote von 1,2 abgeschlossen hatte und überdurchschnittliche Verkaufszahlen aufwies, beförderte mich mein Chef umgehend zur Bereichsleiterin. Das bedeutete für mich nicht nur mehr Gehalt, sondern auch Verkäuferprovision. Endlich verfügte ich über ein paar Reserven und einen gut bezahlten Job, der mir Spaß machte und mein zweitgrößtes Ziel ermöglichte: Mit 19 Jahren konnte ich endlich von zu Hause ausziehen und mein eigenes, freies Leben beginnen.

Meine Wahl fiel auf eine kleine Zweizimmerwohnung in Gleisdorf bei Graz. Ich verliebte mich sofort in dieses malerische Örtchen, in die Häuser mit rotem Spitzdach, in die kleinen verwinkelten Straßen und Gassen, in die grüne Umgebung, eingebettet in eine Berglandschaft. Doch am allermeisten überzeugte mich die Zweizimmerwohnung. Sie lag direkt über einer Werkstatt, zeichnete sich durch Dachschrägen, kaputte Heizkörper und Gitterstäbe vor dem Fenster aus, doch trotz der klaustrophobischen Wohnbedingungen fühlte ich mich an diesem Rückzugsort nicht nur wohl, sondern zum ersten Mal richtig frei. Es war *meine* Wohnung. Nur für mich. Ich konnte tun und lassen, was ich wollte. Natürlich dauerte es nicht lange, bis ich alles dekoriert und angemalt hatte. Rote Heizkörper, cremefarbene Gitterstäbe und Leomuster und Ornamente als Wandzeichnungen.

Da ich von Gleisdorf nun jeden Tag gute zwanzig Kilometer zur Arbeit und zurück fahren musste, kaufte ich mir auf Raten einen Gebrauchtwagen. Aber nicht irgendeinen. Es war ein roter Mazda 323 Coupé. Ich liebte dieses Auto, in dem man ziemlich tief saß und ich, davon war ich überzeugt, verdammt sportlich aussah.

Für mich begann eine sehr glückliche Zeit. Ich war 19, hatte meine eigene Wohnung, ein Auto und in Brave einen sehr guten Freund gefunden. Dazu hatte ich auch endlich mal wieder eine richtig gute Freundin: Nina. Nina arbeitete nebenan in der Bäckerei, in der ich mir jeden Morgen meinen Kaffee holte. Dort sprach sie mich an einem heißen Sommertag auf meine Tattoos an. Wir kamen ins Gespräch und schon bald verbrachten wir nicht nur unsere Mittagspausen, sondern unsere komplette Freizeit miteinander. Wir waren beide 19, Singles und wohnten auch beide in Gleisdorf. Ich nahm Nina morgens mit zur Arbeit, abends mit nach Hause und am Wochenende zogen wir gemeinsam los. Wir gingen in Bars, auf Partys, Rockkonzerte oder fuhren zum Feiern nach Ungarn. Dann schliefen wir meistens im Auto, weil wir kein Geld für ein Hotel hatten, aber das war uns egal. Wir waren frei und die Welt lag uns zu Füßen. Wir waren einfach nur glücklich.

Auch wenn ich Brave von nun an etwas weniger sah, trafen wir uns weiterhin regelmäßig. Als er mir erzählte, dass er mit seiner Frau nach Wien auf eine Tattoo-Convention fuhr, bat ich ihn, mich mitzunehmen. Allerdings fehlte mir das nötige Kleingeld für eine eigene Unterkunft. Brave schlug mir vor, dass ich mich bei ihm und seiner Frau ins Zimmer schleichen könnte und er mich als Gegenleistung dafür auf der Messe live tätowieren würde. Für ihn war ich ein sehr gutes Aushängeschild. Er konnte zeigen, was er draufhatte, und ich bekam mein Rückentattoo fertiggestellt, auf dem noch ein paar Linien fehlten. Obwohl mir die Vorstellung, während des Tätowierens beobachtet zu werden, nicht wirklich gefiel, war ich mit seinem Vorschlag einverstanden. Schließlich war ich noch nie auf einer Tattoo-Messe gewesen.

In Wien angekommen, stellte ich schnell fest, dass ich trotz meiner jungen Jahre fast die am stärksten tätowierte Frau war, was mich, zugegeben, mit großem Stolz erfüllte. Ich wurde ständig angesprochen, bestaunt und sogar fotografiert.

Dabei entstanden ein paar sehr lustige Bilder, auf denen ich bestimmt wie ein verschrecktes, buntes Reh aussah.

Am Abend jedes Messetages gab es immer Wettbewerbe, wie »Best of Grey«, »Best Crazy« oder »Best of Day«. Bei Letzterem wurde die beste Tätowierung ausgezeichnet, die an jenem Tag gestochen worden war. Als am zweiten Abend zum »Best of Colour« aufgerufen wurde, drängte mich Brave, auf die Bühne zu gehen.

Ich? Vor all diesen Menschen? Unmöglich! Bei dem bloßen Gedanken daran, fing ich schon an zu schwitzen und fühlte mich in den Deutschunterricht von Herrn Pieper zurückversetzt.

»Ich kann das nicht!«, sagte ich. »Vor so vielen Leuten fang ich immer an zu stottern und rot zu werden.«

Brave lachte sich halb kaputt.

»Du musst doch gar nichts sagen, Sandra. Außerdem steht dir rot sehr gut. Jetzt geh endlich auf die Bühne und gewinn das Ding!«

Die vielen Leute, all die Fotografen und das Blitzlicht machten mir furchtbare Angst. Ich sollte da hoch und das auch noch im Bikinioberteil, damit man so viele Tätowierungen wie möglich sehen konnte?

»Ich kann nicht«, sagte ich zu Brave und schämte mich ganz furchtbar.

»Wenn du nicht kannst, kannst du nicht«, sagte Brave und legte den Arm um mich. »Aber manche Chancen bekommt man nur einmal im Leben.« Da hatte er allerdings recht. In diesem Moment wusste ich, dass ich mir ewig vorwerfen würde, es nicht mal versucht zu haben. Also kippte ich kurzerhand einen Sekt, zog mein Oberteil aus und ging in Jeans und BH auf die Bühne.

Neben mir gab es noch zwei weitere Frauen und vier Männer. Die Bewertung der Jury fiel eindeutig aus, für einen der Männer. Ich habe das Ding nicht gewonnen ... aber trotzdem gerockt. Die höchste Punktzahl bekam der Sieger, doch der Publikumsapplaus zu »Best of Colour« gehörte mir. Ich bin nicht von der Bühne gegangen, sondern geschritten, na ja, so gut das mit weichen Knien eben ging. Nach den ersten Umarmungen mit Brave und seiner Frau hat mich sofort ein Fotograf angesprochen, ob er ein paar Fotos von mir machen dürfte. Brave nickte mir aufmunternd zu und wir gingen ins Foyer des Hotels, um ein ruhiges Plätzchen zu suchen. Da es mein erstes Shooting überhaupt war, hatte ich keine Ahnung von Posen, Gesichtsausdrücken oder Haltung. Doch der Fotograf wusste ganz genau, was er haben wollte, und brachte mich gezielt in Position, um meinen Rücken in Szene zu setzen. Nach knapp zehn Minuten waren wir auch schon fertig. Der Fotograf bedankte sich, drückte mir noch seine Karte in die Hand und war genauso schnell verschwunden, wie er gekommen war. Ich war noch voller Adrenalin und dachte nicht wirklich darüber nach, was wohl mit diesen Fotos passieren würde. Brave meinte, es wäre ein guter Start, aber ich müsste noch um einiges geschäftstüchtiger werden, wenn ich mit meinem Aussehen eines Tages Geld verdienen wollte.

Das war vermutlich der Moment, in dem ich das erste Mal überhaupt darüber nachdachte, tatsächlich mit meinem Aussehen Karriere zu machen. Ich habe mich nie für besonders hübsch gehalten und daher nicht im Entferntesten an eine Modelkarriere gedacht, aber als Tattoomodel zu arbeiten, so merkte ich, könnte mir Spaß machen.

Zurück in Gleisdorf habe ich natürlich sofort Nina von dem erzählt, was passiert war. Sie freute sich für mich, auch wenn sie meiner Geschichte nur ungeduldig lauschte, denn auch Nina hatte Neuigkeiten: »Sandra! Ich habe jemanden kennengelernt. Es ist was Ernstes!«

Im ersten Moment musste ich vor Lachen fast meinen Kaffee wieder ausspucken. Ich war schließlich nur ein Wochenende weg gewesen. Aber Nina erzählte mir mit strahlenden Augen und debilem Gesichtsausdruck, den verliebte Frauen nun mal haben, wie sie auf einem Konzert in der alten Burg gewesen war, wie unwohl sie sich gefühlt hatte, weil sie allein unterwegs gewesen war, und dass es dann auch noch angefangen hatte zu regnen. Aber als Nina sich an der Bar untergestellt hatte, war sie von einem Typen angequatscht worden.

»Es war Liebe auf den ersten Blick!«, sagte sie, ohne eine Miene zu verziehen. »Wir haben etwas zusammen getrunken, dann angefangen uns zu küssen und am Ende des Abends hat er *es* gesagt!«

»Hat er was gesagt?«, fragte ich verwirrt nach.

»Ich liebe dich!«

»Wie bitte?« Da musste ich jetzt noch mal nachhaken.

»Du triffst auf einem Open-Air-Konzert einen Typen. Es regnet, ihr trinkt, knutscht und dann sagt er ›Ich liebe dich‹?«

»Ja.«

»Okay. Und was hast du gesagt?«

»Ich dich auch.«

»Das habe ich befürchtet.« Nina zog ein beleidigtes Gesicht und ich versuchte ihr zu erklären, warum ich nicht so euphorisch war wie sie. »Süße, niemand kann nach wenigen Minuten diesen Satz sagen und es auch so meinen.«

»Wir waren mindestens drei Stunden zusammen!«

»Das ist trotzdem zu kurz. Vermutlich wart ihr auch nicht mehr nüchtern. Du kennst doch nicht mal seinen Nachnamen. Richtig?«

Ninas Antwort war langes Schweigen. Bis sie sagte: »Ich hasse es, dass du dich nie für mich freuen kannst. Du bist nur eifersüchtig, weil du niemanden hast!« Dann stand sie auf und verließ mit einem Türknallen meine Wohnung.

Ich war völlig vor den Kopf gestoßen. So kannte ich Nina nicht. Ihr letzter Satz tat weh. Aber ich merkte schnell, dass er vermutlich nur so wehtat, weil ein Funken Wahrheit darin lag. Ich hatte seit Ewigkeiten keinen Freund mehr. Aber nach dem Desaster mit Paul Pichler im BMW Kombi hatte ich auch kein so rechtes Bedürfnis nach einem. Ich verliebte mich einfach nicht. Nina hatte nicht ganz unrecht: Ich war zwar nicht eifersüchtig, aber vermutlich hatte ich Angst, meine einzige Freundin zu verlieren.

Nachdem Nina sich in den nächsten Tagen vehement weigerte, meine Anrufe zu beantworten, schrieb ich ihr einen langen Brief. Leider kam keine Antwort. Zumindest sehr lange Zeit nicht. Ab und an sah ich, wie ihr neuer Freund Nina von der Arbeit abholte. Sie sah glücklich aus. Ich freute mich für sie. Und war tieftraurig zugleich, weil ich Nina sehr vermisste. Ich vermisste uns.

Erst Wochen später passierte etwas, das mich ein wenig aufheiterte. Ungefähr zwei Monate nach der Tattoo-Convention in Wien rief mich Brave in aller Frühe an: »Glückwunsch, Süße!«

»Glückwunsch zu was?«, fragte ich verschlafen.

»Zu deinem ersten Cover!«

Ich stürmte sofort zum nächsten Kiosk. Als mich mein eigenes Gesicht von den Regalen aus ansah, konnte ich es nicht fassen. Es war eines der Fotos, die der Fotograf in Wien von mir geschossen hatte, von mir und vor allem von meinem Rücken. Den nun hier, im Kiosk in Gleisdorf, zu sehen, war ein wahnsinnig schönes, aber auch unwirkliches Gefühl. Der Kassierer sah erst mich und dann das Tätowier-Magazin an, das ich in den Händen hielt: »Siehst toll aus!« Ich wurde knallrot und als ich mich zum Bezahlen an die Kasse stellte, sagte er: »Wenn in unserem Trafik schon mal ein Promi einkauft, geht das natürlich aufs Haus!«

Ich war megastolz. Und glücklich. So glücklich, dass ich natürlich sofort zu Brave fuhr, um meine Freude mit ihm zu teilen. Brave freute sich für mich, aber er meinte, wenn ich als Tattoomodel arbeiten wollte, könnte ich nicht in Gleisdorf bleiben.

»Sandra, wenn du Karriere machen willst, anstatt als Sportfachverkäuferin zu versauern, dann musst du hier weg. Aus Gleisdorf, aus Graz und vermutlich auch aus Österreich.«

»Aber wohin?«, fragte ich verwundert.

»Na. Das ist doch klar. Nach Berlin!«

»Berlin? Aber du bist doch auch nicht in Berlin.«

Brave musste lachen. Er nahm mich in den Arm und meinte, dass er seine Karriere auch schon hinter sich hätte. »Sandra, ich bin alt und Familienvater. Ich werde demnächst sogar meinen Laden hier dicht machen und in Deutschlandsberg ein kleines Studio eröffnen. Dann hab ich den Stress mit den Grazer Neidern nicht mehr und bin näher bei meiner Familie. Ich bin in einem Alter, in dem man es sich leisten kann, sich auf dem Land zurückzuziehen, aber du bist jung und außergewöhnlich. Geh nach Berlin und versuch dein Glück. Wenn es nicht klappt, kannst du immer noch Sportschuhe verkaufen. Ich glaube an dich.«

Seit diesem Tag ging mir der Gedanke an Berlin nicht mehr aus dem Kopf. Brave hatte irgendwie recht. Ich hatte nichts zu verlieren. Und ehrlich gesagt hielt mich in Gleisdorf und Graz nicht mehr viel. Meine einzige Freundin wollte nichts mehr von mir wissen und mein Mentor und Freund plante, sich aufs Land zurückzuziehen und Tomaten zu züchten. Zu meiner Familie hatte ich auch kaum noch Kontakt. Wir telefonierten ab und an, wobei wir aber stets nur das Nötigste besprachen. Nichts von mir zu hören, war für meine

Mutter immer eine gute Nachricht, denn das bedeutete auch keinen Ärger.

Also fing ich an, über Berlin zu recherchieren. Die Tattoo-Szene dort übertraf alles, was Österreich zu bieten hatte, und die Lebenshaltungskosten waren relativ gering. Auch Tätowierungen schienen in Berlin sehr viel günstiger zu sein. Immerhin zeigte mein Körper noch so einige nackte Stellen, die nach Farbe schrien. Berlin klang nach einem großen Abenteuer, nur fehlte mir der Mut. Die Vorstellung, wieder von vorne, noch dazu allein in einer fremden Stadt, sogar einem fremden Land, anzufangen, machte mir Angst. Ich kannte niemanden in Berlin, hatte dort keinen Job, wohingegen mir mein Chef gerade eine Position als Abteilungsleiterin in Aussicht gestellt hatte, was auch eine gesalzene Gehaltserhöhung mit sich bringen würde. Ich war hin- und hergerissen zwischen Sicherheit und Abenteuer, zwischen Vernunft und einem neuen, großen Traum.

Ich ging mit der Entscheidung, tatsächlich nach Berlin zu gehen oder nicht, noch eine Weile schwanger. In dieser Zeit ließ ich mir auf einer Tattoo-Convention in Gleisdorf sechs kleine Sterne neben das rechte Auge stechen. Das, so nahm ich mir vor, sollte mein einziges Gesichts-Tattoo bleiben. Ebenso wollte ich die Handinnenflächen unbedingt frei lassen.

Als ich gerade mal wieder in meinen vier Wänden saß und vor mich hin grübelte, klingelte es überraschenderweise sehr spät noch an meiner Tür. Es war Nina, die gute zwei

Monate nach unserem großen Eklat nun hier im Flur stand und heulte: »Er hat mich betrogen!«

Ich umarmte meine Freundin, tröstete sie, so gut ich konnte, und päppelte sie in den folgenden Tagen und Wochen mit einem breit gefächerten Ablenkungsprogramm wieder auf. Wir gingen feiern, trinken und tanzen wie in alten Zeiten. Wir sahen »Dirty Dancing« und »My Girl« in Dauerschleife, schnieften, schmachteten und träumten von der großen Welt. Natürlich erzählte ich Nina von meinen Gedanken, nach Berlin zu gehen, denn mein Leben hier, so sagte und dachte ich, könnte noch nicht alles gewesen sein. Zusammen phantasierten wir über unser Leben in der Metropole der Unabhängigkeit und Selbstverwirklichung, bis aus unserem Traum plötzlich ein Plan wurde. Nina schwor schweren Herzens, diesem »Schwein« nie zu verzeihen und woanders noch mal neu anzufangen. Und zwar mit mir.

»Lass uns zusammen nach Berlin gehen!«, sagte sie eines Morgens, als sie mit einer Hand voll Reiseführer meine Wohnung stürmte. Und ich war augenblicklich einverstanden, denn ich wusste, mit Nina zusammen würde ich mich trauen. Zusammen könnte es klappen.

Innerhalb der nächsten Woche kündigte ich sehr zum Bedauern meines Chefs meinen Job und meine Wohnung gleich mit dazu. Ich verkaufte mein Auto, um etwas Extrageld für den Anfang zu haben, und recherchierte nach einer Zweizimmerwohnung, in die wir zusammen einziehen wollten, bis wir uns etwas Eigenes oder Größeres leisten könnten. Meine

Eltern waren von meinen Berlin-Plänen etwas überrascht, schienen aber nichts dagegen zu haben. Mein Vater bot zu meiner großen Verwunderung sogar an, uns beim Umzug zu helfen und mir mit etwas Startkapital unter die Arme zu greifen. Von meinem Plan, als Tattoomodel Karriere machen zu wollen, erzählte ich vorerst nichts, sondern sagte nur: »Ich habe da etwas in Aussicht.«

Als ich zwischen den gepackten Umzugskartons stand, war ich mir sicher, die richtige Entscheidung getroffen zu haben. Es fühlte sich gut an. Ich war aufgeregt und freute mich auf das Abenteuer Berlin. Doch genau in dem Moment, als ich diesen Gedanken gefasst hatte, bekam ich eine SMS von Nina. Sie war genauso knapp wie schrecklich: »Es tut mir leid. Ich komme nicht mit. Wir wollen es noch einmal miteinander versuchen.«

Ich weiß nicht, ob ich in diesem Moment wütender darüber war, überhaupt eine solche Absage oder sie auch noch nur per SMS geschickt zu bekommen. Ich fing an zu heulen und auf ein paar Umzugskartons einzutreten. Dieser Ausbruch dauerte etwa fünf Minuten. Dann wischte ich mir die Tränen aus dem Gesicht, sah in den Spiegel und sagte: »Sandra, das schaffst du auch allein. Wie immer.«

Ich meldete mich nie wieder bei Nina. Soweit ich heute weiß, wurde sie kurze Zeit später schwanger und lebt heute als alleinerziehende Mutter in Gleisdorf. Manche Chancen bekommt man eben nur einmal im Leben.

Meine letzte Amtshandlung in Gleisdorf war ein Abschieds-besuch bei Brave, der auch schon zwischen gepackten Kisten saß. An jenem Tag ließ ich mir mein vorerst letztes Tattoo von ihm stechen. Ich entschied mich für zwei Schriftzüge auf meinem Hals. Auf der rechten Seite das Wort »Love« unter einer roten Rose, auf der linken Seite das Pendant »Hate« mit einer violetten Rose. Dass dieses Tattoo ein Omen für mein Verhältnis zu Berlin werden würde, ahnte ich zu jenem Zeitpunkt noch nicht, dass Brave mir furchtbar fehlen wür-de, schon. Als ich ihn ein letztes Mal umarmte, sagte er: »Zeig allen, wer du bist, Sandra Müller! Und denk dringend über einen Künstlernamen nach!«

Jürgen und Mandy –
Liebe tiefgefroren

Jürgen, vierzig Jahre alt, ist Sicherheitsmann bei einer Bankfiliale und sieht aus wie ein Bär. Zum einen wegen seiner intensiven Körperbehaarung, zum anderen weil er sich immer so träge und etwas unbeholfen fortbewegt. Taps, taps, taps. Jürgen ist sehr häufig hier. Man erkennt ihn auch daran, dass er immer, also wirklich immer, eine Tiefkühlpizza in seiner Tasche hat. Als er sie das erste Mal unaufgetaut vor mir an der Bar gegessen hat, dachte ich, Jürgen sei geistig etwas zurückgeblieben.

Doch als ich Jürgen etwas besser kennenlernte, stellte ich fest, dass er einfach nur etwas beschränkt, sehr naiv und auch irgendwie ganz putzig ist. Trotzdem würde man im Volksmund wohl sagen, dass er spinnt. Jürgen sieht das anders. Der hat einfach seine ganz eigene Weltanschauung. Als ich ihn einmal auf seine ungewöhnlichen kulinarischen Vorlieben angesprochen habe, konnte er mir das ganz genau erklären: Er isst deshalb so gern unaufgetaute Tiefkühlpizza, vorzugsweise Thunfisch, weil dann die Vitamine durch das Aufbacken nicht verloren gehen. Außerdem ist Fisch gesund. Jürgen hat sich auch erst einmal einen Zahn ausgebissen. Vielmehr ist ihm eigentlich ein Nerv abgestorben, wegen der Kälte, was zu einer Wurzelbehandlung führte, aber das ist ihm seine Gesundheit durchaus wert. Was ist schon ein Zahn gegen einen ausgewogenen Vitaminhaushalt?

Auch von seinen Essgewohnheiten abgesehen hat Jürgen noch ein paar weitere seltsame Angewohnheiten: Seinen Geburtstag feiert er auch gern mal zwei Monate später, weil er es langweilig findet, immer am selben Tag im Jahr zu feiern. Und beim Autofahren fährt er am liebsten über Rot, weil bei Grün ja immer alle anderen fahren würden. Macht Sinn, oder?

Jürgen ist nicht nur regelmäßig im Swingerclub, sondern hatte hier auch sein erstes Mal. Im Alter von 35 Jahren. Er meinte, er wollte sich eben Zeit lassen. Und dabei hat er sich dann prompt verliebt. Nämlich in Mandy, eines der bezahlten Mädchen, wovon Jürgen natürlich nichts weiß, es leider wohl nicht mal vermutet und ganz bestimmt auch gar nicht wissen möchte. Daher ist Jürgen fast immer donnerstags da und wartet ganz aufgeregt auf Mandy. Sobald sie mit einem lauten »Hey, ihr Wichser, Mandy ist da! Macht euch schon mal warm!«, den Laden betritt, bestellt Jürgen sofort eine Flasche Champagner. Denn für seine »süße Maus«, wie er sie nennt, gibt es nur vom Feinsten. Wenn sich Mandy dann zu ihm setzt und den Champagner in großen Zügen fast allein kippt, tauschen die beiden Zärtlichkeiten aus.

»Du siehst heute sehr hübsch aus«, sagt Jürgen.

»Alter, du stinkst nach Thunfisch!«, erwidert Mandy.

»Thunfisch ist gesund«, sagt Jürgen und hält verschämt eine Hand vor den Mund.

»Willst du quatschen oder ficken?«, fragt dann Mandy ungeduldig zurück.

»Wie du möchtest, meine Maus«, sagt Jürgen und bricht dabei zumindest mir fast das Herz.

Auch wenn es mich ja eigentlich nichts angeht und Jürgen ein sehr rentabler Kunde ist, habe ich doch einmal versucht, ihm Mandy auszutreiben. Also habe ich ihm unter dem Siegel der Verschwiegenheit ein Geheimnis verraten. Nämlich, dass Mandy mal ein Mann war, was natürlich überhaupt nicht stimmt. Aber ich hoffte, dadurch sein Herz zu retten.

Jürgen war über diese Neuigkeit völlig am Boden zerstört. Er meinte, er habe sich das ja fast schon gedacht, weil ihre Figur, vor allem ihre Bauchmuskulatur, doch sehr maskulin wäre und sie manchmal auch Sprüche klopfe wie ein Mann. Er sah nach meiner Offenbarung so traurig aus, dass ich schon fast wieder Mitleid mit ihm hatte. Tatsächlich hat er daraufhin versucht, mit einer anderen Frau zu schlafen. Sie sah Mandy ein klein wenig ähnlich und als Jürgen sie gevögelt hat, rief er immer zu ihren Namen: »Mandy! Mandy!« Doch als er nach erfolgreicher Bumsmission wieder erschöpft bei mir am Tresen saß, fühlte er sich hundeelend und sagte: »Mit Mandy war es immer viel schöner. So vertraut. Weißt du was? Mir ist egal, ob sie mal ein Mann war. Ich liebe Mandy so, wie sie ist.«

Von da an wusste ich, dass ich Jürgen nie im Leben erzählen könnte, dass Mandy für ihre Dienstleistung bezahlt wird. Und wer weiß? Vielleicht wird Mandy ja eines Tages den Mann hinter dem Thunfischgeruch erkennen und vielleicht sogar lieben lernen? »Pretty Woman« geht halt auch im Swingerclub.

6.
KALENDEREINTRAG »BERLIN«
Tattoos: R O C K S T A R auf den Fingern

Am Samstag, den 5. April 2008, zog ich die Tür meiner leeren Wohnung in Gleisdorf hinter mir zu und spürte sofort
einen dicken Kloß in meinem Hals. Plötzlich war ich gar
nicht mehr mutig, vielmehr hatte ich tierisch Schiss. Ich
riss mich nur zusammen, um mir vor meinen Eltern nichts
anmerken zu lassen, die mit dem vollgeladenen Sprinter
ungeduldig vor meiner Tür warteten. Ich wollte erwachsen
behandelt werden und allein erwachsene Entscheidungen
treffen. Aber in dem Moment, als die Tür hinter mir ins
Schloss fiel, wollte ich gar nicht mehr erwachsen sein. Ich
wollte mich am liebsten wie ein kleines Kind auf der Couch
in eine Decke einlümmeln, heiße Schokolade trinken und
den Kopf gekrault bekommen. Stattdessen fuhr ich mit
meinen Eltern bei grauem Aprilwetter Richtung Berlin.
Wir waren über neun Stunden unterwegs. Die Stimmung
war ruhig. Zum einen, weil wir alle wirklich müde waren,
zum anderen, das spürte ich ganz deutlich, weil sich meine
Eltern große Sorgen machten. Seitdem ich als Verkäuferin
in Graz angefangen hatte, gingen sie etwas entspannter mit
mir um, hofften, dass ich die Kurve noch mal bekommen
hätte. Die Kurve von der »schiefen Bahn«. Aber jetzt? Berlin?
»Was hat das Kind nur wieder vor?«, fragte sich meine Mutter
bestimmt, denn sie konnte mein Bedürfnis, woanders noch

mal neu anzufangen, überhaupt nicht nachvollziehen. Gerade jetzt, wo doch alles *so glatt* lief.

»Du hast doch eine gute Stelle. Warum willst du ausgerechnet jetzt weg? Und warum nach Deutschland? Und dann auch noch in das Großstadtmoloch Berlin?« Das waren Fragen, mit denen sie mich löcherte. Und da ich meinen Eltern unmöglich erzählen konnte, dass ich in Berlin noch gar keine Stelle hatte und sogar mit dem Gedanken spielte, mich beruflich als Tattoomodel zu versuchen, griff ich auf eine klitzekleine Notlüge zurück. Die dann allerdings etwas ausuferte. Am Ende erzählte ich meinen Eltern, ich hätte bereits ein Stellenangebot in Berlin zugesagt. Und zwar als Tätowiererin, da ich parallel in Graz eine Lehre gemacht hätte. Die Stelle in Berlin wäre eine Festanstellung und besser bezahlt als mein bisheriger Job. Ich redete mir ein, dass meine Erklärung immerhin nicht völlig erlogen wäre, schließlich hatte ich bei Brave sehr viel über das Tätowieren gelernt und mich bereits einmal an mir selbst und einmal an einer Kundin versucht, die dafür nicht bezahlen musste und hinterher, zum Glück, auch nicht ausflippte, sondern sehr zufrieden war. Denn in der Tat tätowierte ich gar nicht schlecht, aber »abgeschlossene Lehre« war genauso übertrieben wie das mit der Festanstellung. Doch meine Eltern mussten ja nicht alles wissen. Außerdem schloss ich gar nicht aus, dass ich mich eventuell sogar mit Jobs als Tätowiererin über Wasser halten könnte. Davon leben wollte ich auf keinen Fall. Ich wollte tätowiert *werden* und nicht für andere Leute Motive entwerfen und die Nadel schwingen.

Mein Vater, so glaube ich, verstand meine Aufbruchspläne etwas besser als meine Mutter. Er war auch schon in der Welt gereist und konnte nachvollziehen, dass man nicht in Wagna geboren und in Graz sterben wollte. Trotzdem wurde er nicht müde zu betonen, dass es immer auch einen Weg zurück gäbe. Aber für das »Zurück« müsste ich mir dann schon selbst einen Sprinter mieten.

»Oder wir kehren direkt jetzt um?«, schlug er einhundert Kilometer vor Berlin vor. Er grinste mich an, aber mir war nicht nach Lachen zumute, dann schon eher nach umkehren. Ich hatte selbst so große Sorge, was mich in Berlin erwarten würde. Immerhin kannte ich dort keinen Menschen, hatte keine Stelle und auch nichts in Aussicht. Plötzlich fand ich mich gar nicht mehr mutig, sondern einfach nur noch dumm. Strohdumm. Ich hätte mich schließlich erst um eine Stelle bemühen können, zumindest für den Anfang, bis ich Fuß gefasst hätte. Dann könnte ich immer noch über einen Künstlernamen nachdenken und Karriere als Tattoomodel machen, was auch immer das bedeuten sollte. Aber nein! Sandra Müller fährt einfach mal los und zieht in einem fremden Land in eine fremde Stadt in eine Wohnung, die sie sich eigentlich nicht leisten kann! So setzte ich mich selbst schon genug unter Druck, aber die vorwurfsvollen und unverständigen Gesichter meiner Eltern machten es noch schlimmer. Also musste ich wieder stark sein oder zumindest so tun. Obwohl ich so gern mal schwach gewesen wäre und mir nichts sehnlichster wünschte als Zuspruch und Motivation: »Sandra, du schaffst das! Du bist unsere Tochter und eine starke Frau. Und wenn es nicht klappt, dann sind wir auch für dich da und fangen dich auf. Wir bewundern deinen Mut. Versuch herauszufinden, was dich glücklich macht. Denn wenn du glücklich bist, dann sind wir es auch.« Stattdessen sagte meine Mutter, als wir in Pankow ankamen: »Ist das hässlich hier! Aber bitte, ist ja dein Leben.«

Zugegeben, Pankow zeigte sich an diesem grauen Apriltag nicht von seiner schönsten Seite. Die Straßen waren wie leer gefegt, die grauen Häuserfassaden blickten uns traurig entgegen und die Wohnung, die ich aus der Ferne über das Internet und ein paar Telefonate angemietet hatte, strahlte auch nicht gerade Wärme und Herzlichkeit aus. Eher modrigen Geruch und viel zu viel Raufaser-Charme. Außerdem war die Wohnung das reinste Spinnennest. Beim Anblick der ersten schrie ich nur erschrocken los, aber als ich mehr und mehr sah, rannte ich hysterisch aus dem Haus. Vermutlich wäre ich zurück bis nach Graz gerannt, wenn ich Schuhe getragen hätte. Schließlich hat mein Vater die Spinnenkolonie kurzerhand eingesaugt und mich zurück in die Wohnung geholt.

»Die Luft ist rein, Sandra. Die Spinnen tot. Jetzt mach was draus!«

Ich wusste, dass ich der Herausforderung gewachsen war, diese Räumlichkeiten in einen Zweizimmerpalast zu verwandeln und dabei war mir mein Vater wirklich eine große Hilfe. Ich hatte meine gesamte, da fast neue Einrichtung aus

Österreich mitgebracht. Und Papa Müller brachte in den nächsten zwei Tagen, die meine Eltern noch bei mir blieben, alle Lampen an, strich hier und da über die vergilbten Tapeten, baute Regale auf, dübelte, bohrte, schraubte und hämmerte, bis ich zufrieden war.

Meine Mutter dagegen fand meine Entscheidungen alle grundsätzlich falsch. Nicht nur Berlin, sondern auch das eine Bild, das an der falschen Stelle hing, und das andere, das ich besser gleich auf den Müll werfen sollte. Als wir zusammen meinen Kleiderschrank einräumten, hätte ich ihr fast den Hals umgedreht. Sie flippte völlig aus, als sie meine Unterwäsche in die Finger bekam. Warum ich solche »Nuttenschlüpfer« tragen würde? Und überhaupt! Warum ich nicht mal eine schöne Bluse tragen könnte, so wie meine Schwester auch. Nachträglich gesehen war es vielleicht ganz gut, dass mich meine Mutter fast in den Wahnsinn trieb, denn dadurch hatte ich keine Zeit mehr, mich auf meine Berlin-Panik zu konzentrieren. Neben ihren ständigen Versuchen, sich in meine Wohnung, meinen Geschmack und mein Leben einzumischen, hörte meine Mutter nicht auf, sich über mein Essverhalten aufzuregen: »Sandra, jetzt iss doch mal was! An dir ist ja gar nichts dran, außer bunte Farbe auf Knochen!«

Seit jeher versucht meine Mutter, mich zu mästen. Ich war und bin von jeglicher Form von Essstörung Gott sei Dank verschont geblieben, aber ich esse, wenn ich Hunger habe und das, worauf ich Lust habe. Nicht, weil meine Mutter gerade einkaufen war.

Die Stimmung war also in diesen gemeinsamen Tagen Berlin relativ angespannt. Erst als alle Regale standen und das Nötigste erledigt war, machten wir uns zu einer gemeinsamen Berlin Sightseeing-Tour auf. Wir suchten die touristenüblichen Plätze auf: Potsdamer Platz, Brandenburger Tor, Unter den Linden, Kurfürstendamm, Reichstag und das Café Kranzler, in dem ich mich sehr wohlfühlte. Vielleicht, weil es mich an die österreichischen Kaffeehäuser erinnerte. Meine Eltern entspannten sich zusehends und mussten an der einen und anderen Stelle sogar zugeben, dass Berlin wirklich eine beeindruckende Stadt ist.

Als sie nach zwei Tagen mit dem leeren Sprinter zurückfuhren, winkte ich ihnen traurig hinterher, bis sie um die Ecke verschwunden waren. Und dann, ganz plötzlich, brach eine furchtbare Einsamkeit über mich ein. Da war ich also. In Berlin-Pankow. Mutterseelenallein. Ohne Arbeit, ohne Freunde. Falls ich heute Nacht in dieser Wohnung sterben würde, warum auch immer, würde das nicht mal jemand bemerken. Vielleicht Ende des Monats, wenn die Miete fällig wäre.

Ich sah in den Spiegel und betrachtete den Schriftzug »Hope« auf meinem Dekolleté. Eines stand fest: Ich könnte jetzt weiter hier in Pankow sitzen und mir Gedanken über einen einsamen Tod machen oder losgehen und das neue Leben anpacken. Ich entschied mich für Letzteres. Zwar hatte ich mich bisher nicht allzu sehr über Stellenausschreibungen informiert, dafür aber über Clubs und Tattoostudios. Denn

Geld für mein erstes Berlin-Tattoo hatte ich mir längst zur Seite gelegt. Ich weiß nicht genau, warum, aber ich hatte das Gefühl, dass sich die Entscheidung, von nun an in dieser Stadt zu leben, danach etwas realer anfühlen würde. Es war, als müsste ich es erst auf meiner Haut sehen, damit ich es begriff und keine Angst mehr davor hatte. Ich will lieber gar nicht wissen, wie das aus tiefenpsychologischer Sicht gedeutet werden würde. Ich weiß nur, dass es meine Art war und immer noch ist, besondere Ereignisse meines Lebens zu verarbeiten, in Form von Tätowierungen. Andere Menschen tragen solche Ereignisse in ihren Kalender ein, ich eben auf meiner Haut.

Ich wählte ein Tattoostudio aus, über das ich die besten Beurteilungen gelesen hatte. Eigentlich wollte ich lieber zu einer Frau, aber der Tätowierer namens Tommy schnitt auf allen Foren am besten ab. Die reinsten Lobeshymnen standen im Internet über ihn und seine »Berufung«. Ich schrieb ihn an, fragte nach Terminen und bekam sofort eine Antwort: Ich könne gern gleich morgen vorbeikommen. Wann ich wollte. Das klang zwar nicht gerade nach einem ausgebuchten Studio, dafür aber irgendwie nach Berlin.

Seltsamerweise war ich total nervös vor diesem Termin. Immerhin hatte mich die letzten Jahre niemand anderer als Brave tätowiert. Ich kam mir ein wenig wie eine Verräterin vor, als würde ich meinen Therapeuten, Friseur oder Stammbäcker wechseln, nach all den Jahren des Vertrauens! Als würde ich fremdgehen. Bei diesem Gedanken musste ich schmunzeln. Denn schließlich war es auch Brave, der mir den letzten Schubser in diese Richtung gegeben hatte. Er hatte mich quasi in die Arme eines anderen Tätowierers getrieben. Dieser Gedankengang würde Brave bestimmt gefallen.

Am nächsten Tag raffte ich mich auf und suchte mit zitternden Knien das Tattoostudio in Kreuzberg auf. Da ich viel zu früh dran war, schlenderte ich noch ein wenig die Oranienstraße rauf und runter. Ich war völlig fasziniert von den kleinen Läden, den vielen Imbissen und vor allem dem Nuss- und Teeladen, in dem ich eine halbe Stunde lang saß, Sonnenblumenkerne knabberte, schwarzen, heißen Tee trank und das bunte Treiben auf der Straße durch die große Fensterfront beobachtete. Kreuzberg fühlte sich irgendwie nach Urlaub an, so international, wie es war. Wer hier Tourist war und wer hier lebte, ließ sich nur schwer erkennen.

Als ich pünktlich im Tattoostudio erschien, sah ich nur eine junge Frau, die am Fenster stand und telefonierte. Mit ein paar Handzeichen gab sie mir zu verstehen, Platz zu nehmen. Irgendwie war sie mir sofort sympathisch. Wie sie da stand mit ihrem kurzen, karierten Rock, den roten Kniestrümpfen und einem Pony á la Bettie Page. Am rechten Oberarm hatte sie eine Blume samt Knarre und Herz tätowiert. Richtig Old School. So stellte ich mir seit jeher die typische Berlinerin vor.

Als sich unsere Blicke erneut trafen, rollte sie genervt mit den Augen und deutete auf das Handy in ihrer Hand. Anscheinend hatte sie jemanden in der Leitung, der ihr tierisch auf die Nerven ging. Ich musste grinsen und auch sie konnte sich ein Lachen kaum verdrücken.

Sie zwinkerte mir zu und sagte: »Du, sorry, kann ich später noch mal anrufen? Ich krieg gerade noch einen Anruf rein.« Dann legte sie auf und setzte sich neben mich. »Tut mir leid!«, stöhnte sie. »Das war mein Ex. Er hört nie auf zu quatschen. Leider hat er auch noch nicht verstanden, dass er sich eine neue Seelsorgerin suchen muss. So. Also sorry. Ich bin Jasmin. Und du musst Sandra sein. Tommy ist gleich zurück. Er wollte sich nur kurz einen Döner holen. Komisch. Ist schon voll lange weg. Sag mal …« Jasmin legte überraschenderweise eine Redepause ein und musterte mich von oben bis unten. Sie legte ihren Kopf ein wenig schief und fragte dann: »Warst du nicht schon mal auf dem Tätowier-Magazin?« Sie kramte in einem Stapel Zeitschriften und zog von unten mein Cover vor. Ich wurde knallrot. »Hey, Süße, musst doch nicht rot werden. Du siehst super aus. Das ist ja geil. Da macht dir Tommy bestimmt 'nen guten Preis. Macht er bei Promis immer.«

Jetzt musste ich wirklich lachen. »Ich bin echt kein Promi. Also das war eigentlich …«

»Kommt noch Süße. Kann alles noch kommen!«, unterbrach mich Jasmin. »Willst du 'nen Kaffee? Oder 'nen Schnaps?« Ich entschied mich für den Kaffee und stellte fest, dass ich diese Frau mochte.

Auch Tommy stellte sich als sehr sympathischer Typ raus. Abgesehen von dem leichten Dönergeruch, der ihn noch umgab, war ich nicht nur erleichtert, sondern auch vollauf zufrieden mit meinem neuen und damit ersten Berlin-Tattoo: ROCKSTAR, von rechts nach links, ein Buchstabe pro Finger, auf beiden Händen. Es spiegelte mein aktuelles Lebensgefühl wieder. Jasmin und Tommy waren, wie unschwer zu erkennen war, ein Paar. Während er konzentriert an mir herumstach, quatschten Jasmin und ich über Gott und die Welt.

Als wir fertig waren, war es längst dunkel und der Laden offiziell schon geschlossen. Aber Jasmin und ich hatten uns noch so viel zu erzählen. »Wie Weiber nur so viel quatschen können«, hörten wir Tommy noch murmeln, als wir bereits durch die Tür verschwunden waren. Jasmin und ich gingen zusammen in die »Rote Rose«, eine Schwulenbar mit rotem Plüschteppich an der Wand, und quatschten viele Stunden weiter. Ich erzählte ihr im Schnelldurchlauf, wie und warum es mich nach Berlin verschlagen hatte, von meinen Plänen, Träumen und Ängsten. Jasmin war eine tolle Zuhörerin, die an den richtigen Stellen die richtigen Sachen sagte. Sie war drei Jahre älter als ich, was wir beide nicht spürten, und vermutlich die offenste Person, die mir bis dahin jemals begegnet war. Sie erzählte mir nicht nur davon, wie sie von Düsseldorf nach Berlin gekommen war, warum sie seit zig Jahren Dauerstudentin in Germanistik war, sondern auch, wie sie zur Freundin eines Tätowierers und warum der BWL-Freund zum Exfreund wurde. Wir redeten über Gott und die Welt, aber am Ende doch am meisten über Männer, auch wenn ich da nicht halb so viel auffahren konnte wie Jasmin. Denn seit

Paul Pichler hatte ich außer zwei bis drei Knutschgeschichten nicht mehr viel erlebt. Jasmin schon. Aber auch ich bin gern eine gute Zuhörerin, vor allem wenn jemand so locker, leicht und unterhaltsam über Männer, Liebe, Sex und alle dazugehörigen Pannen plaudert wie Jasmin. Es fühlte sich an, als würden wir uns schon seit Ewigkeiten kennen.

In jener Nacht tranken wir nicht nur bis morgens um fünf die gesamte Belegschaft der »Roten Rose« unter den Tisch, sondern wurden zu Freundinnen. Von nun an, so wusste ich, war ich nicht mehr allein.

Kaffee bei Tageslicht

Eigentlich, so könnte man annehmen, geht man nicht in den Swingerclub, um sich zu verlieben. Mit Ausnahme von Jürgen und seiner Flamme Mandy versteht sich. Mir ist das zumindest noch nie passiert. Na gut, nie ist etwas gelogen, verliebt aber vielleicht übertrieben. Trotzdem muss ich zugeben, dass es tatsächlich in den letzten zweieinhalb Jahren einmal jemanden gab, den ich mehr als attraktiv fand. Ich würde fast sagen: interessant bis anziehend. Als er zur Tür reinkam, war ich zuallererst überrascht. Überrascht, hier einen attraktiven Mann zu sehen. Das ist ja, wie erwähnt, eher selten.

Grundsätzlich gehe ich mit Gästen eher auf Distanz. Egal ob gut aussehend oder nicht. Ich mache maximal ein wenig Smalltalk und nebenher meine Arbeit, bin höflich, aber zurückhaltend, lasse sie reden und höre zu. Wie eine gute Friseuse oder ein schlechter Therapeut. Mit dem Unterschied, dass mein »Patient« meist halb nackt vor mir sitzt. Ich sage »Oh je« oder »Wird schon wieder« oder »Willst du noch was trinken?«. Sie trinken und reden, ich höre zu. Das ist der Deal. Seelischer Ballast gehört zum Inventar und damit auch zum Job.

Doch als *er* zur Tür reinkam, zauberte sich ganz automatisch ein Lächeln auf mein Gesicht und mein Körper formierte sich unbewusst in Flirtpose. Mundwinkel nach oben, Bauch rein, Brust raus, Kopf hoch. Und jetzt mit Elan Gläser polieren! Daniel, so hieß der junge Mann, kam rein, setzte sich etwas unsicher an die Bar und bestellte erst mal ein kleines Bier. Er trug eine schwarze Jeans und ein weißes, die Brustmuskulatur betonendes T-Shirt. Sexy, aber eben nicht ordinär, so wie die Männer hier meistens angezogen sind. Am schönsten fand ich seine blauen Augen, die mir im Kontrast zu den schwarzen Haaren entgegenleuchteten. Er sah sich etwas zögerlich um, schien aber kein Interesse an seinem Umfeld zu entwickeln. Dann sah er mir eine Weile zu und fing an, das Gespräch zu suchen. Doch im Gegensatz zu den meisten »Barpatienten« fragte er mich nicht aus und lud auch nicht seinen Seelenmüll bei mir ab. Nein, Daniel behandelte mich wie eine Frau, wie eine ganz normale Frau, die er in irgendeiner Bar kennengelernt hatte. Er interessierte sich für mich und stellte mir viele Fragen, auch, aber nicht nur, zu meinen Tattoos. Über die Gäste und darüber, wie es für mich ist, hier zu arbeiten. Er meinte, ich käme ihm irgendwie bekannt vor. Das fand ich süß, hielt mich aber bedeckt. Auch nach über einer Stunde, als bereits leicht bekleidete und lüsterne Damen mit eindeutigen Blicken an ihm vorbeizogen, ließ Daniel mich nicht aus den Augen. Im Gegensatz zu anderen Männern, die mich als erstes Objekt ihrer Anmachversuche auswählen, sozusagen um warm zu werden, schien ich ihn wirklich zu interessieren. Er wollte alles wissen. Wir quatschten über Filme, Künstler und Berlin. Und zugegeben, ich war ziemlich beeindruckt von seiner Allgemeinbildung und seinem Humor. Obwohl er mich die ganze Zeit über zum Lachen brachte, verschwand das unangenehme

Gefühl in meiner Bauchgegend nicht ganz. Denn wir befanden uns trotz allem immer noch in einem Swingerclub. Und ich kann mich einfach nicht mit jemandem treffen, der sechzig Euro Eintritt bezahlt, um fremde Frauen zu ficken.

Nach vielen gemeinsamen Stunden an der Bar, verabschiedete sich Daniel formvollendet mit Handschlag. Zu meiner großen Überraschung fragte er nicht, ob er meine Nummer haben könnte, um mich außerhalb des Clubs zu treffen. Er schrieb mir einfach nur seine Nummer auf einen Zettel und sagte: »Das waren die besten sechzig Euro, die ich je investiert habe. Ich würde mich freuen, wenn du mich anrufst und wir irgendwo einen Kaffee trinken gehen. Mit Milch und Zucker. Bei Tageslicht.«

Ich war verblüfft über diesen außergewöhnlichen Mann. Die einzige Gemeinsamkeit, die Daniel mit den anderen Männern hatte, die ich hier normalerweise kennenlernte, war, dass er behauptete, das erste Mal in so einem Club zu sein. Einfach, um es mal gesehen zu haben. Und diese Ausrede kaufe ich grundsätzlich niemandem ab. Aber bei ihm, so merkte ich, wünschte ich mir insgeheim, dass es wahr wäre.

Natürlich hatte ich mir fest vorgenommen, ihn nicht anzurufen. Und diesen Vorsatz hielt ich auch durch. Genau drei Tage lang. Dann habe ich es getan. Schließlich und trotz eines Nebenjobs im Swingerclub, habe ich nach wie vor das große Bedürfnis, nicht allein durch die Welt zu gehen, sondern mit jemandem zusammen zu sein, normalen und schönen Geschlechtsverkehr zu haben, zusammen Kaffee zu trinken. Mit Milch und Zucker. Bei Tageslicht.

Und genau das haben wir dann auch getan. Kaffee mit Milch und Zucker. Ganz klassisch im Café Kranzler. Daniel erzählte mir von seinem Job als Produktionsleiter beim Film, von seiner Leidenschaft für Kino, Skifahren, Bergsteigen und Reisen. Beim zweiten Kaffee sah ich uns vor meinem geistigen Auge schon über die Alpen wandern. Hand in Hand. Vorbei an Kühen und Schafen und springenden Ziegenböcken. Doch als wir auf das Thema Beziehungen zu sprechen kamen, platzte mein Traum von der Alpenidylle ganz plötzlich. Denn Daniel gab kleinlaut zu, eine Freundin zu haben. Allerdings würde es nicht mehr so gut laufen. Die Luft wäre raus.

Nach dieser Information schaltete ich sofort um auf den »Bardame-Modus«. Ich hörte zu und ließ ihn reden. Am Ende sagte ich »Das wird schon wieder« und verabschiedete mich zu meiner eigenen Überraschung mit einem langen, zärtlichen Kuss, den ich mehr als genoss.

Auf weitere Treffen ging ich nicht mehr ein. Denn noch unattraktiver als Männer, die in Swingerclubs gehen, finde ich Männer, die sich erst von schlechten Beziehungen trennen können, wenn sie etwas Neues am Start haben.

7.

TATTOO-QUEEN IM BIKINI

Tattoos: Pin-Up auf dem linken Unterarm

Seit jenem unvergesslichen Abend mit Jasmin, dem ersten von vielen folgenden Partynächten in Berlin, hatte ich zum ersten Mal seit Langem wieder das Gefühl, die richtige Entscheidung getroffen zu haben. Berlin würde zwar nicht einfach werden, aber ich könnte es hier schaffen.

Jasmin und ich sahen uns von nun an regelmäßig. Unter der Woche verwendete ich viel Zeit darauf, meine Wohnung fertig einzurichten und es mir dort gemütlich zu machen. Außerdem bewarb ich mich auf zahlreiche Stellenausschreibungen im Einzelhandel und versandte Initiativbewerbungen. Am Wochenende ging ich dann aus. Das heißt, *wir* gingen aus. Gleich an dem Wochenende, nachdem ich Jasmin und Tommy kennengelernt hatte, zogen wir los. Jasmin führte mich in das Berliner Nachtleben ein. Freitag und Samstag tingelten wir durch verschiedene Clubs, Bars und Kneipen. Der Sage Club wurde schon bald donnerstags zu unserem Stammladen. Da der Türsteher total in Jasmin verschossen war, standen wir auch regelmäßig auf der Gästeliste, was Tommy zwar nicht besonders witzig fand, unser Geldbeutel aber schon.

Durch Jasmin lernte ich nicht nur Berlins Nachtleben, sondern auch sehr viele Leute kennen. Ihr Freundeskreis bestand hauptsächlich aus Leuten, die entweder in der Tattoo- oder Schwulenszene aktiv waren. Die meisten davon kannte sie über Tommy, der allerdings eher ein Tanzmuffel war und uns Mädels gern allein auf die Piste schickte. Ich fand es toll, dass die beiden sich so sehr vertrauten. Überhaupt war ich anfangs völlig fasziniert von allem und jedem, den ich in Berlin kennenlernte. Die Menschen hier waren so offen, so kreativ und tolerant. Jeder kam sofort auf einen zu. Als Freundin von Jasmin und Kundin von Tommy wurde ich überall herzlich aufgenommen, als wäre ich schon immer dabei gewesen. Von niemandem hörte ich dumme Sprüche wegen meiner Tätowierungen, ganz im Gegenteil: Sie fanden sie alle großartig. Einen Monat nach unserem Kennenlernen tätowierte mir Tommy noch ein Pin-Up-Girl auf den Unterarm und das zu einem unverschämt günstigen Preis. Er sagte, das wäre sein Geschenk zum *Einmonatigen*.

In Berlin bekam ich so viel Aufmerksamkeit und Komplimente wie noch nie zuvor. Alle zeigten Interesse an mir. Ich war neu, ich war bunt, ich war irgendwie besonders. Zum ersten Mal in meinem Leben fühlte ich mich komplett aufgenommen, gemocht und respektiert. Ich ging in Berlin völlig auf, aus mir heraus und auch etwas im Nachtleben unter. Im Gegensatz zu allen anderen, also wirklich allen anderen, nahm ich keine Drogen, hielt aber dank Energy-Mixdrinks ordentlich mit.

Auch wenn sich das Wochenende schon bald von Donnerstag bis Montagmorgen erstreckte, investierte ich weiterhin viel Zeit in meine Stellengesuche. Denn eigentlich war das der erste Punkt auf meinem Plan, den ich noch in Österreich für Berlin gemacht hatte: Arbeit finden. Aber mit Freunden fand sich ein Job eben viel einfacher, oder? Und da ich nun Freunde hatte, die sehr oft damit beschäftigt waren, »runterzukommen«, hatte ich auch ausreichend Zeit, Bewerbungen zu schreiben oder Vorstellungsgespräche zu absolvieren. Ich suchte wirklich sehr dringend eine Anstellung, denn mein Erspartes neigte sich langsam, aber sicher dem Ende. Obwohl Berlin um einiges billiger war als Graz, was sowohl das Ausgehen als auch die Tätowierungen anging, ging ich in Berlin auch viermal so viel aus wie zuvor.

Jasmin meinte immer, ich sollte mich entspannen und erst mal die Stadt und das Leben genießen. Früher oder später würde ich schon »entdeckt« werden. Ich fand das ganz süß von ihr, glaubte aber nicht im Ansatz daran, dass mich irgendjemand entdecken würde. Für was denn auch? Tätowierte, arbeitslose Frauen, die keine Modelmaße hatten, gab es in dieser Stadt wirklich mehr als genug. Ich glaubte also weiterhin an die gutbürgerliche Vorgehensweise und Reihenfolge, nämlich sich auf Stellen zu bewerben, nach erfolgreichem Vorstellungsgespräch hart zu arbeiten und deshalb Gehalt zu bekommen. Danach dann gern entspannen und genießen. Doch leider ging dieser Plan in Berlin nicht auf.

Gleich zu Beginn bewarb ich mich bei einer Filiale von Intersport. Schließlich hatte ich dort meine Ausbildung gemacht und die letzten Jahre erfolgreich für diese Firma gearbeitet. Mit einem Empfehlungsschreiben von meinem ehemaligen Chef und meinen ohnehin guten Zeugnissen hatte ich eigentlich die besten Voraussetzungen. Dachte ich. Ich wurde auch sofort zu einem Vorstellungsgespräch eingeladen, das aber nach fünf Minuten wieder beendet war: »Frau Müller, das geht leider nicht. Bei Ihren Tätowierungen. Das schreckt doch die Kunden ab.« Ich musste mich doch sehr wundern. In Graz war das kein Problem. Aber so ein Argument in Berlin? In der Stadt, die sich weltweit ihrer Toleranz rühmt?

Tapfer versuchte ich es weiter. Zuerst bei anderen Sportfachgeschäften, schon bald auch bei großen Textilketten, dann bei kleineren Boutiquen und sogar bei Drogeriemärkten. Aber es war aussichtslos. Oft bekam ich nicht mal eine Absage. Falls ich eine Einladung zu einem persönlichen Gespräch bekam, war das immer recht schnell vorbei. »Tätowierungen gehen leider gar nicht im Einzelhandel«, war die Standardabsage. Vielen fehlte sogar dafür der Mut und sie sagten einfach ohne Begründung ab oder hatten eine andere Ausrede parat. Zum Beispiel: »Sie passen nicht ins Team«. Ich wusste, dass es nicht an meinen Qualifikationen, sondern an meinem Aussehen lag. Aus Mangel an Alternativen überlegte ich erneut, mich doch als Tätowiererin zu versuchen. Schließlich gab es in Berlin über siebenhundert Tattoostudios, aber auch wenn es keine handwerkskammerlichen Vorschriften gab, hatte ich nicht das Gefühl, ausreichende Qualifikationen auf diesem Gebiet vorweisen zu können. Nur, weil man gern Kuchen isst, ist man noch lange kein Bäcker, oder?

Jasmin meinte, ich sollte doch einfach zum Amt gehen, so wie alle anderen auch. Doch das war das Letzte, was ich wollte. Nach Deutschland gehen und hartzen? Das kam nicht infrage. Tatsächlich nahm ich irgendwann eine unterbezahlte Stelle in einem Callcenter an, bei der es darum ging, den Leuten am Telefon Lottoscheine zu verkaufen. Dieser Job war wirklich frustrierend. Ständig wissentlich Menschen zu verarschen, zu lügen und zu behaupten, wie groß die Chancen auf einen Hauptgewinn wären, konnte ich schnell nicht mehr mit meinem Gewissen vereinbaren. Denn eigentlich handelte es sich bei unserem Produkt um ein verstecktes Jahresabo und die Chance, dabei im Lotto zu gewinnen, war gleich null. Ich konnte sehr gut verstehen, dass niemand mit mir telefonieren wollte, und kündigte nach nur zweieinhalb Wochen fristlos.

Als ich an jenem Abend nach Hause kam, rief ich Jasmin an und sagte: »Jasmin, ich kann nicht mehr mit feiern kommen. Ich glaube, ich bin bald pleite! Und ich habe gekündigt.«

Jasmin lachte laut in den Hörer. »Süße, wir finden eine Lösung. Und einen besseren Job erst recht. Ich glaube, ich hab da schon eine Idee!«

Und tatsächlich hatte sie die. Eine Idee, die ich anfangs wirklich gar nicht mochte. Noch am selben Abend stellte mir Jasmin eine Freundin vor: Anna. Anna war sehr gut angezogen und zurechtgemacht, alles nur vom Feinsten. Ich hätte sie sofort in die Immobilien- oder Werbebranche gesteckt. Allerdings weit gefehlt. Anna war Webcam-Girl.

»Webcam was?«, fragte ich nach.

»Webcam-Girl«, erklärte Anna und lächelte. »Ich sitze um die sechs bis acht Stunden am Tag vor einer Computerkamera und chatte mit Männern. Dabei ziehe ich mich ein bisschen aus und fasse mich an. Die Typen finden das heiß und bezahlen sehr viel Geld für so eine Show. Die suchen gerade noch weitere Mädchen. Also, wenn du Lust hast, melde dich. Du bist über 18, hübsch und siehst besonders aus. Du hast die besten Voraussetzungen und könntest bestimmt viel Geld verdienen. Wenn du richtig gut bist, bis zu hundert Euro in der Stunde.«

Mein erster Gedanke war: auf keinen Fall! Lieber hartzen als ausziehen. Aber als man mir am nächsten Tag auf dem Amt erklärte, dass ich als Österreicherin mindestens fünf Jahre in Deutschland gelebt haben müsste und eine Freizügigkeitsbescheinigung bräuchte, um überhaupt Anspruch auf Hartz IV zu haben, fiel diese Option auch ganz schnell wieder weg. Überhaupt: Freizügigkeitsbescheinigung? Was sollte das denn sein? Jasmin und ich lachten uns kaputt bei dem Gedanken, dass ich einfach zum Amt gehen könnte, um mir dort meine Freizügigkeit bescheinigen zu lassen: »Rufen Sie mich einfach an unter null hundert neunzig, sechsmal die sechs«, stöhnte ich los. »Ich bin schon ganz heiß auf dich, Süßer. Ich will mit dir hartzen, Baby.« Jasmin konnte sich gar nicht mehr beruhigen vor lauter Lachen.

»Du solltest dich wirklich als Webcam-Girl versuchen!«, prustete sie los. »Das machst du super. Ich bin schon ganz scharf!«

An diesem Abend köpften Jasmin und ich zwei Flaschen Sekt und übten Webcam-Girl-Sein. Bis wir zu der felsenfesten

Überzeugung kamen, dass ich das nicht nur gut könnte, sondern ein wahres Naturtalent wäre. Und tatsächlich versprach ich, mich am nächsten Tag bei Anna zu melden. Meine einzige Bedingung war, dass ich mich nicht komplett ausziehen würde. »Nur bis auf die Unterwäsche!«

Jasmin meinte: »Solange die Typen anrufen, ist denen vermutlich egal, wie du das machst. Prost!«

»Prost! Auf die Freizügigkeit.«

So kam es, dass ich mich im Juli 2008 in einem Bürogebäude in Rixdorf wiederfand. Meine Tätowierungen waren hier kein Problem, ganz im Gegenteil. Sie gaben mir sofort den Künstlernamen »Geile Tattoo-Queen« und fügten einen ziemlich obszönen Text hinzu. Brave hatte sich das mit dem Künstlernamen bestimmt ganz anders vorgestellt. Dann wurde ich von dem Chef, der wie die Persiflage auf einen Zuhälter aussah, erst einmal gebrieft. Ich müsste hier eben nicht telefonieren, sondern chatten. Videochatten. Nach meinen Erfahrungen im Call Center war das schon mal eine gute Nachricht. Dachte ich.

»Pass auf, Süße. Es gibt verschiedene Portale, die von zahlenden Usern aufgesucht werden. Zahlend, verstehst du? Heißt, du musst zum Teil mit fünf bis sechs Männern gleichzeitig chatten. Wenn du geil bist, hoffentlich auch mehr. Ganz wichtig ist, dass du auf jeden einzelnen eingehst und ihm das Gefühl gibst, dass er der Einzige ist, der dich gerade geil macht. Number-one-Feeling. Sonst sind die Typen ganz schnell wieder hasta la vista, verstehst du? Jede Minute ist bares Geld. Also, umso länger du sie geil machst, um so mehr money money.«

Ich nickte eifrig, war mir aber nicht sicher, ob ich das verstanden hatte. Außerdem irritierte mich dieser Goldzahn in seinem Mund, der mir immer entgegenblitzte. Nach diesem professionellen Briefing bekam ich eine Führung durch die Räumlichkeiten. Jede Dame hatte ihr eigenes Zimmer. Man könne auch von zu Hause aus arbeiten, aber da viele meiner Kolleginnen entweder keinen Computer hatten oder verheiratet waren und ihren Männern erzählten, dass sie putzten oder ins Büro gingen, zogen es die meisten vor, außer Haus zu arbeiten. Ich entschied mich auch dafür, vor Ort zu arbeiten, um die »geilen Männer« wenigstens aus meinen vier jungfräulichen Wänden rauszuhalten. Und um ein wenig bei den anderen zu spicken und zu lernen.

Den ersten Tag brachte ich fast ausschließlich damit zu, den anderen über die nackte Schulter zu sehen. Ich dachte, so etwas könnte mir nie über die Lippen kommen, aber das musste es Gott sei Dank ja gar nicht. Ich musste ja nur tippen.

Ich fand das alles absurd und faszinierend zugleich. Dass man mit so einfachen und wenigen getippten Worten Männer anscheinend völlig in den Wahnsinn treiben konnte. Die häufigsten Schlagworte waren: »Ficken«, »Schwanz«, »Muschi«. Ganz einfach. Gern in Kombination mit »geil«, »feucht« und »hart«. Zum Beispiel: »dein geiler Riesenschwanz«, »meine feuchte Muschi« oder »Ich will, dass du mich hart

111

fickst«. Es ist kaum zu glauben, aber ich machte mir am ersten Tag schriftlich Notizen.

Am nächsten Tag trat ich dann auch schon zu meiner ersten eigenen Schicht an. Ich hatte wahnsinnige Panik, dass mich jemand anchattet, den ich kannte oder der mich erkannte. Ich war zwar noch nicht wirklich eine Person der Öffentlichkeit, aber trotzdem fürchtete ich aufzufliegen. Ich hoffte also, dass weder mein Vater noch Brave sich auf solchen Portalen rumtrieben und wartete tapfer in meinem Blümchen-Bikini vor der Computerkamera. Dann machte es auch schon *bling* und der erste User war online. Ich dachte, ich müsste sterben.

»Hey, Süße«, tippte »der geile Günther«. »Wie geht's dir?«

Der geile Günther begann also mit etwas Smalltalk, den ich sofort in die Länge zu ziehen versuchte. Denn jede Minute, die ich jemanden in der Leitung halten konnte, war bares Geld. Money, money. Das hatte ich verstanden. Also tippte ich los.

»Gut. Danke. Und dir? Süßer?«

»Jetzt, wo ich deinen hübschen Bikini sehe, richtig gut. Du hast coole Tattoos. Hast du da noch mehr versteckt, unter deinem hübschen Höschen?«

»Vielleicht … Also den Bikini habe ich ganz neu. Gefällt er dir?«

Dann machte es schon wieder *bling* und ein weiteres Chat-Fenster öffnete sich. »Axel-Anal« ging gleich ganz anders ran: »Hey Baby, zeigst du mir deinen tätowierten Arsch?«

»Na. Du gehst aber ran! Bist du immer so forsch?«, tippte ich schnell in das neue Fenster und schob noch ein »Du geiler Hengst!« nach. Als ich »geiler Hengst« schrieb, wurde ich sofort rot. Oh je.

Meine Strategie war somit von Anfang an klar: volllabern, solange es geht. Ab und an streichelte ich mir etwas über die Haut, wechselte die Pose und leckte mir über die Lippen. Das hatte Jasmin mir beigebracht. Aber nebenher immer schön weiter quatschen, beziehungsweise tippen.

»Du siehst heiß aus, du Tattooluder!«

»Du bist aber auch nicht von schlechten Eltern, oder? Hast du einen Großen?« Ja, ich bekam den Trick schnell raus und versuchte, immer viele Fragen zu stellen, damit sie antworten mussten. Anfangs bekam ich das irgendwie hin, war aber schnell überfordert, als sich mehr und mehr Fenster öffneten. Denn das *bling, bling* ging weiter. Und schon bald hatte ich keinen Überblick mehr, wen ich was gefragt und wem ich was erzählt hatte. Das machte sich schnell bemerkbar. Ich verlor die ersten User, bis ich nach 15 Minuten vor einem leeren Bildschirm saß und eigentlich ganz froh war, mal kurz durchatmen zu können. Dann ging es wieder los. Ich schätze, dieses *bling*-Geräusch werde ich niemals mehr aus meinem Kopf bekommen.

Nach meinem ersten Arbeitstag rief ich von zu Hause aus Jasmin an. Ich war etwas durch den Wind. Auch erschrocken und gleichzeitig fasziniert über die Tatsache, dass ich so gut im Netz ankam. Immerhin konnte ich so einige Männer mit etwas Geplänkel in meinem Bikini-Outfit bei der Stange halten. Als ich Jasmin erzählte, was die so von mir verlangten, bekam sie sich gar nicht mehr ein vor Lachen.

»Du solltest bitte was machen?«

»Einer wollte, dass ich pinkle.«

»Und? Hast du?«

»Bist du bescheuert? Natürlich nicht. Ich hab ihm gesagt, ich bin nicht so unerzogen. Habe einen Schmollmund gemacht und er ist gekommen.«

Jasmin meinte, ich solle das ruhig weiter so durchziehen. Meine Volllaber- und Ich-zeig-dir-nichts-außer-du-bist-ein-böser-Junge-Taktik, würde bestimmt aufgehen. Und wenn das nicht so teuer wäre, würde sie mich auch mal gern anchatten, um meinen tätowierten Arsch zu sehen. Der allerdings noch völlig untätowiert war.

Für die nächsten Wochen und Monate fuhr ich also fast jeden Tag nach Rixdorf. Ich konnte mir meine Schichten relativ frei einteilen und auch ein bis zwei Tage die Woche freinehmen. Ich testete mich mehr und mehr aus und fand allmählich Gefallen an dem Spiel. Tatsächlich begriff ich sehr schnell, dass es darum ging, bei den Männern Bilder im Kopf zu erzeugen. Das konnte sogar mehr bewirken als eine gespreizte Vagina, die ich nun mal niemandem zeigen wollte. Eigentlich ging es nur um Machtverhältnisse. Und die Macht liegt immer bei der Frau. Den Mann geil zu machen und ihm nicht alles zu zeigen, war eine wunderbare Taktik. So schrieben sie mich immer und immer wieder an. Flehten und bettelten.

Ich hatte schon bald ein paar feste Stammkunden und damit auch ein gutes, fast schon geregeltes Einkommen. Zugegeben, es gefiel mir, so begehrt zu werden. Auch wenn ich keinen der Anrufer hätte anfassen wollen, nicht mal mit der Greifzange. Aber das waren trotz allem auch Männer mit Bedürfnissen und Libido. Und ich schien ihnen zu gefallen. Noch dazu hatte ich auf dem Gebiet Erotik und Sex sehr viel nachzuholen und zu lernen. Ich war neugierig darauf, meine Grenzen auszutesten, herauszufinden, was mir Spaß machte und was gar nicht ging. Spaß machte mir das Flirten. Gar nicht ging blankziehen oder gar Sextoys zu benutzen. Ich hätte mich viel zu sehr geschämt, vor wildfremden Menschen einen Dildo in meine »ach so feuchte Muschi« einzuführen.

Während mein anfänglicher Verdienst bei circa 25 bis 34 Euro in der Stunde lag, hatte ich bald schon die Hundert-Euro-Grenze geknackt und an guten Tagen auch mal überschritten. Daher hatte ich schon nach kurzer Zeit endlich wieder genug Geld auf dem Konto, um in Berlin nicht nur zu überleben, sondern auch zu leben. Wir gingen wieder regelmäßig aus und feierten, zogen durch die Clubs, vom Sage über das KitKat bis ins Berghain. Wir durchtanzten die Nächte und feierten, als gäbe es kein Morgen mehr. Ich holte alles nach, was ich dachte, in den letzten Jahren in der Provinz verpasst zu haben.

Tatsächlich lernte ich jetzt auch im echten Leben immer mehr Männer kennen, die Interesse an mir zeigten. Vielleicht wurde ich durch meinen neuen Nebenjob auch einfach etwas selbstbewusster und damit mutiger in puncto Männer und Sex. Ich war noch lange nicht so freizügig wie viele der Mädels, mit denen ich unterwegs war, aber ich lernte zu flirten. Doch von den Männern, die ich kennenlernte, interessierte mich niemand so wirklich. Ich verliebte mich einfach nie. Zwar hatte ich ein paar Dates und auch zweimal über ein paar Wochen hinweg kleine Abenteuer. Nicht mehr und nicht weniger. Keine One-Night-Stands, keine Liebesbeziehung. So weit kam es meistens auch deshalb nicht, weil die Männer, mit denen ich mir etwas Festes hätte vorstellen können, schon bald klarmachten, das sie an keiner »richtigen« Beziehung interessiert wären. Ich fand das komisch und dachte, es läge bestimmt an mir. Aber Jasmin erklärte, das läge an Berlin. Der Richtige würde schon noch kommen. Ich sollte wie immer: entspannen und genießen. Und genau das tat ich dann auch. Denn endlich hatte ich Sex, der mir langsam, aber sicher anfing, Spaß zu machen. Ich war inzwischen sehr viel selbstbewusster, wusste, was ich mochte und traute mich auch, das zu sagen oder zu zeigen. Immerhin musste ich es im echten Leben nicht tippen.

Franz, der Lecker

»Sag mal, kenn ich dich nicht irgendwoher?«, fragt der halbnackte Mann, der vor mir am Tresen sitzt und nichts außer
einem weißen Handtuch um die Hüften trägt. Vermutlich
um sein bestes Stück warm zu halten, denn Schamgefühl
gibt es in diesen Räumlichkeiten nur selten. Normalerweise
antworte ich auf solche Fragen ausweichend oder mache
einen Scherz. »Aus deinen Träumen vermutlich« oder »Klar.
Ich hab mich doch mal als Kindermädchen bei euch vorgestellt!« Nach einer ersten Sekunde der Irritierung, des Schre-
ckens oder Nachdenkens folgt meistens ein Lachen mit
anschließender Bestellung eines weiteren Getränks. Doch
dieser Kandidat heute ist mehr als hartnäckig. »Irgendwo
aus der Zeitung. Oder dem Fernsehen?«

Ich merke, wie ich rot werde, und drehe mich zur Kaffeemaschine um. »Das glaube ich kaum«, sage ich so beiläufig
wie möglich. »Aber tätowierte Mädchen gibt es ja wie Sand
am Meer. Willst du noch was trinken?«

Seit ich in diesem Laden angefangen habe, ist es eine
meiner größten Ängste, von einem meiner ehemaligen Chat-
Partner erkannt zu werden. Auch wenn das Ganze nun schon
über zwei Jahre zurückliegt, kann ich mir vorstellen, aufgrund meiner Tätowierungen dem einen oder anderen im
Gedächtnis geblieben zu sein. Ich selbst habe seit jeher ein
äußerst schlechtes Personengedächtnis und würde vermutlich überhaupt keinen mehr wiedererkennen. Außerdem ist

es auch immer noch etwas anderes, jemanden auf einem kleinen Videofenster oder im echten Leben zu sehen. Noch dazu hielten die Männer beim Chatten oft nur ihren Penis in die Videokamera. Denn auch User wollen gern unerkannt bleiben. Genauso lautet auch der Deal hier im Swingerclub. Sollte ich hier den Chefredakteur einer großen deutschen Boulevardzeitung erkennen, würde ich das genauso wenig melden, wie er einen Artikel über mich schreiben würde.

»Ich trinke noch was, wenn du mir verrätst, woher ich dich kenne«, stochert er weiter. Franz, wie ich ihn in Gedanken wegen seines bayerischen Schnauzers nenne, lässt wirklich nicht locker.

»Pass mal auf, Franz. Mir ist das herzlich egal, ob du noch was trinkst oder nicht. Bezahlt hast du ja schon. Da ist es mir fast lieber, du bestellst nichts mehr. Außer, deine Fragerei hört dann endlich auf.«

»Ich heiße gar nicht Franz.«

»Siehst du«, sage ich. »Auch das ist mir egal. Du bist schließlich nicht hier, um über dein Privatleben zu reden. Es geht mich gar nichts an, wie du heißt. Und dich geht es auch nichts an, wer ich bin.«

»Du bist aber ganz schön unfreundlich für eine Bardame.«

»Ich bin nicht unfreundlich, sondern nur sehr ehrlich und direkt. Ich möchte nicht wissen, wie du heißt, und auch nicht über mich sprechen. Es ist mir auch egal, ob du noch was trinkst. Außer, du bestellst Champagner. Dann bekomme ich nämlich eine Provision.«

»Würdest du mir dann verraten, wo ich dich schon mal gesehen habe?«

»Nein«, sage ich. »Aber ich würde ein Gläschen mittrinken«. Ich schenke Franz das schönste Lächeln, das ich hervorbringe.

»Das ist doch mal ein Wort!«

Männer sind wirklich einfach um den Finger zu wickeln. Franz und ich leeren in der nächsten Stunde also gemeinsam eine Flasche Champagner. Dafür muss ich mir seine sexuellen Vorlieben anhören: »Am liebsten mag ich es, wenn ich eine Frau unter mir habe, die so richtig schön wimmert. Vor allem, wenn ich sie lecke. Weißt du, was ich meine. Würde dir das gefallen, von mir geleckt zu werden?«

»Mmmh«, sage ich und tue einen Moment so, als würde ich tatsächlich kurz darüber nachdenken. »Lieber Franz, wenn mir das gefallen würde, wäre ich auf der anderen Seite des Tresens. Außerdem mag ich keinen Schnauzer beim Lecken.«

»Ich kann mich rasieren!«, erwidert Franz und ich bin kurz davor, wirklich unfreundlich zu werden. Doch plötzlich erklingt ein hysterischer Schrei aus dem Bumszimmer. Zwei Sekunden später steht eine der bezahlten Frauen mit tränenüberströmtem und Make-up-verschmiertem Gesicht vor mir und heult: »Das Kondom ist geplatzt! Jetzt krieg ich bestimmt Krebs.«

Ich weiß nicht, ob ich in Anbetracht dieser Katastrophe oder von so viel Dummheit auf einmal geschockt bin. Immerhin hält diese Aktion Franz vom Rasieren ab. Denn er ist von nun an die nächste Stunde damit beschäftigt, die Frau über Geschlechtskrankheiten aufzuklären. Und danach habe ich Gott sei Dank Feierabend.

8.

MEINE ZWEITE TAUFE

Tattoos: Die Koordinaten von Österreich auf dem linken Handrücken in einem Teufelsherz; die Koordinaten von Berlin auf dem rechten Handrücken in einem Herz mit Flügeln

Alles in allem war mein erstes halbes Jahr als Neuberlinerin aufregend und intensiv. Um das Ganze für immer auf meinem Körper zu verewigen, ließ ich mir von Tommy im Herbst 2008 zwei weitere Tattoos stechen. Auf den rechten Handrücken die Koordinaten der Stadt Leibnitz, eingefasst in einem Teufelsherz: Länge: 15°29'4", Breite: 46°50'51". Diese Koordinaten stehen für die Vergangenheit. Für meine Herkunft, meine Kindheit und eine zuweilen sehr einsame Zeit in Österreich. Auf dem linken Handrücken finden sich die Koordinaten der Stadt Berlin wieder: Länge: 13°24'36", Breite: 52°31'12", eingerahmt in einem Herz mit Flügeln. Dieses Tattoo steht für die Zukunft, meinen Neustart in Deutschland und für die Hoffnung. Hoffnung darauf, dass mein Leben von nun an weniger einsam und sehr erfüllend werden würde. Darauf hoffte ich nicht nur, sondern daran glaubte ich ganz fest. Dass diese glückliche Anfangszeit und alle positiven Eindrücke schon bald von der grausamen Realität und den Schattenseiten des Lebens in der Großstadt getrübt werden sollten, ahnte ich damals noch nicht. Dass es keine gute Idee war, sich beide Handrücken gleichzeitig stechen zu lassen, schon.

Meine Handrücken waren nun um einiges bunter, aber auch völlig angeschwollen und schmerzten fürchterlich. Ich war für eine gute Woche komplett außer Gefecht gesetzt und konnte fast nichts machen. Haare waschen oder gar baden wurde zur reinsten Qual. Ich pausierte sogar als Webcam-Girl, weil die Bandagen um meine Hände vermutlich nur Perverse angemacht hätten. Auf Sprüche wie »Hast du zu viel masturbiert?«, wollte ich gern verzichten. So war ich zum ersten Mal seit meiner Ankunft in Berlin ausgehunfähig und damit mehr oder weniger an meine Wohnung gefesselt. Immerhin konnte ich endlich nachholen, was ich in den letzten Monaten völlig vernachlässigt hatte. Aufräumen, soweit es die Hände zuließen, und vor allem viel telefonieren. Ich musste mich dringend bei meinen Eltern melden. Seit ihrem Abschied aus Berlin wimmelte ich sie meist kurz angebunden am Telefon ab. Zum einen, weil ich grundsätzlich nicht besonders gern telefoniere, zum anderen, weil mir ihr ständiges Nachfragen, wie es denn in meinem Job liefe, auf die Nerven ging. Und weil es mir außerdem ein schlechtes Gewissen bereitete, denn meine Eltern gingen immer noch davon aus, dass ich als Tätowiererin arbeitete und super gut bezahlt würde. Ich wollte sie zwar nicht wirklich an meinem Leben teilhaben lassen, aber ihnen direkt ins Ohr zu lügen, fühlte sich auch nicht wirklich gut an. Als ich sie nun also an einem verregneten und kalten Sonntag anrief und in aller Ausführlichkeit von Berlin und den Leuten erzählen wollte, die ich kennengelernt hatte, zeigten sie erwartungsgemäß wenig Interesse. Sie fragten nur, wie lange ich noch vorhätte, mein hart erspartes Geld für »Alkohol und Selbstverstümmelung« aus dem Fenster zu werfen, und wann ich endlich mal etwas Vernünftiges mit meinem Leben anfangen wollte. Das Gespräch war somit viel schneller beendet als geplant. Im Auflegen war ich schon immer gut. Ich verdrückte ein paar Selbstmitleidstränen über mich und die Welt, die mich nicht verstand, und wählte voller Hoffnung die Nummer von Brave. Er war sehr überrascht, nach so vielen Monaten von mir zu hören. Ich entschuldigte mich, dass ich mich so lange nicht gemeldet hatte, und dann sprudelte alles aus mir heraus. Alles, was mir seit meiner Ankunft in Berlin passiert war, mit wem ich unterwegs war, die Clubs, die coolen Leute und meine neuen Tattoos. Alles, was eben in der großen weiten Welt passierte. In der aufregenden Welt, fernab von Graz. Von meinem Job als Webcam-Girl sagte ich dagegen nichts. Auch nichts von meinen Existenzängsten, die mich immer wieder einholten und nachts nicht schlafen ließen. Ich hatte Angst, Brave zu enttäuschen, und schämte mich, weil ich in Wahrheit gar nicht so mutig war, wie ich tat. Heute denke ich, dass Brave das damals bereits spürte. Er hörte sich meinen euphorischen Redeschwall an und sagte, er sei sehr froh, dass es mir so gut ginge. Allerdings hätte er mir nie im Leben beide Handrücken gleichzeitig tätowiert.

»Das war ziemlich verantwortungslos. Von dir und deinem Tätowierer«, sagte Brave. Ich musste lachen und zog ihn wegen seiner väterlichen Fürsorge auf. Brave fragte weiter, ob ich mich schon für einen Künstlernamen entschieden oder mich nach einer Agentur umgesehen hätte. Ich spürte, wie ich rot wurde, und überspielte meine Nervosität: »Du klingst langsam wirklich wie mein Vater!«, sagte ich. Und tatsächlich war ich etwas enttäuscht, dass sich nicht einfach mal jemand mit mir freuen konnte. Es kam mir vor, als müsste ich immer erst etwas leisten, um gemocht zu werden.

»Pass auf dich auf, Sandra«, sagte Brave zum Abschied. »Und meld dich mal öfter, wenn du ein Zeitfenster für deinen alten Freund findest.« Nach diesem Telefonat fing ich richtig an zu heulen. Ich weiß nicht, ob es am Scheiß-Herbstwetter, meinen Eltern, Brave oder den Schmerzen lag, aber plötzlich fühlte ich mich so einsam wie schon lange nicht mehr. Zum ersten Mal seit langer Zeit wünschte ich mir, Nina bei mir zu haben. Hier in dieser Wohnung. Dann würden wir jetzt in Pyjamas Mädchenfilme schauen und selbst gebackenen Käsekuchen essen wie bei den Golden Girls. Dieselbe Vertrautheit, die ich mit ihr hatte, hatte ich nie wieder mit irgendeiner anderen Freundin. Aber ich brachte es nicht fertig, mich bei ihr zu melden. Die Enttäuschung, von ihr in letzter Sekunde sitzen gelassen zu werden, saß noch zu tief. Und da ich nicht so recht wusste, mit wem ich sonst hätte reden können, rief ich Jasmin an und fragte, ob sie Lust hätte vorbeizukommen.

»Wir könnten uns Pizza bestellen und Wein trinken! Oder Käsekuchen essen«, schlug ich vor und versuchte, nicht völlig verzweifelt zu klingen. Jasmin fand den Vorschlag ja ganz »nett«, aber sie wollte sich später noch mit ein paar

Leuten treffen. »Erst auf 'ne Single-Release-Party und später noch bisschen runterkommen bei mir. Kannst gern auch kommen, aber du nimmst ja nie was. Ist dann wahrscheinlich eh zu langweilig für dich.«

»Na ja, also meine Hände ...«

»Du, sorry, kann ich später noch mal anrufen? Ich krieg gerade noch einen Anruf rein«, sagte Jasmin und weg war sie. Diesen Satz hörte ich von ihr nicht zum ersten Mal.

In diesem Moment wurde mir klar, was ich längst gespürt hatte. Die Schattenseiten der Großstadt waren ganz plötzlich in mein Bewusstsein getreten. Klar, alle Leute waren superfreundlich, kreativ, tolerant und ach so offen, aber eben auch sehr oberflächlich. Solange man zusammen ausging, Party machte, sich zulaufen ließ und zusammen die Nase puderte, bis sie weiß war, war alles bestens. Aber zuzuhören, wenn man traurig und außer Gefecht zu Hause saß? Das passte eben nicht immer. Zumindest nicht, wenn es irgendein verschneites Minimal-Event gab. Fast musste ich über mein plötzliches Gefühl der Enttäuschung lachen. Käsekuchen! Also wirklich. Bisher hatte es mich auch nicht gestört, dass Jasmin nicht mit mir Händchen haltend über Blumenwiesen hopste oder sich bei einem Stück Käsekuchen nach meinem Wohlergehen erkundigte. Dafür war sie einfach nicht der Typ Frau. Sie war eine Freundin, mit der ich ausgehen und feiern konnte. Dass sie keine Seelsorgerin sein wollte, hat sie schließlich schon am ersten Tag angedeutet. Was mich allerdings sehr störte, war diese ständige Kokserei.

Jeder kokste ständig und überall. Anfangs habe ich mich total erschrocken und versucht, mir das nicht anmerken zu lassen. Ich hatte Sorge, als »das Mädchen aus der Provinz« abgestempelt zu werden. Aber ich war auch nicht bereit, diesen Blödsinn mitzumachen. Ich wollte mir durch so eine Scheiße nicht mein Leben kaputtmachen. Vor harten Drogen hatte ich zu viel Respekt und Angst und war daher immer die Einzige, die Nein sagte.

»Probier doch mal, Sandra!«, ging es dann los. »Das Zeug macht dich locker!«, »Ein Wahnsinnsgefühl! Besser als Sex!« oder der Klassiker: »Sei keine Spielverderberin!«

Es war furchtbar anstrengend, sich ständig verteidigen zu müssen, nur weil man nicht koksen wollte. Und jetzt wurde ich anscheinend schon nicht mal mehr eingeladen, weil ich mich ja langweilen würde, wenn alle anderen am Runterkommen waren. Komisch, dieses Berlin.

Als ich nach zehn Tagen tapfer wieder bei meiner Arbeit in Rixdorf erschien, erwartete mich dort die nächste Überraschung. Ich war seit fast vier Monaten ein Webcam-Girl und hatte auch zahlreiche Stamm-User, aber meinem Chef wäre zu Ohren gekommen, dass ich »weder Titten noch Muschi« zeigen würde. Vermutlich hatte er mich selbst angeschrieben, ohne dass ich das bemerkt hatte. Er stellte mich kurzerhand vor ein Ultimatum: »Entweder du ziehst blank, oder hasta la vista!«

Ich überlegte keine Sekunde und machte auf der Schwelle kehrt.

Wieder zurück in Pankow buk ich mir selbst einen Käsekuchen. Ich backe nämlich für mein Leben gern. Irgendwie tröstet es mich, Zutaten zu verrühren, diese als flüssige Masse in den Backofen zu schieben und in Form eines duftenden Kuchens eine Stunde später wieder rauszuholen. Ich setzte mich allein an meinen Esstisch, zündete eine Kerze an und ließ es mir schmecken. Zwei große Stücke. Mit Sahne.

An jenem Nachmittag zog ich zum ersten Mal bewusst Bilanz. Über mich und Berlin. Ich war nun seit sieben Monaten in dieser Stadt, hatte Anschluss gefunden und meinen Körper um weitere Tätowierungen verschönert. Ich hatte Geld verdient, aber ganz und gar nicht in dem Bereich, in dem ich es mir vorgenommen hatte. Ich hatte zwei Möglichkeiten: Erstens, wieder nach Österreich ziehen, weil ich es hier nicht geschafft hatte. Das wäre zwar scheiße, aber keine Tragödie. Zweitens, noch mal auf Reset drücken und von vorn anfangen. Weniger feiern, bei der Auswahl meiner Freunde etwas vorsichtiger vorgehen und mich erneut bewerben. Ich entschied mich für Letzteres und schrieb feierlich auf eine Liste, was ich mir für die nächste Zeit vornahm:

1. weniger Alkohol
2. mehr Sport
3. erneut bewerben
4. eine Castingagentur suchen
5. Künstlername
6. Brave anrufen und ehrlich sein

7. netter zu meinen Eltern sein

8. mir eine Katze holen

9. nur noch mit Männern ausgehen, die eine feste
   Beziehung nicht komplett ausschließen

10. dann: entspannen und genießen,
    plus neue Tätowierung noch dieses Jahr

Gleich am nächsten Tag begann ich, meine Liste in die Tat umzusetzen. Ich erinnerte mich, dass das Einzige, was mir an Sport bisher immer Spaß gemacht hatte, Ski fahren und Tennis spielen war. Aber Ski fahren war in Berlin eher schwierig und Tennis spielen könnte ich nicht allein. Also stand ich vor der Wahl: »joggen gehen« oder »Mannschaftssport«. Da ich meinen Freundeskreis ohnehin ein wenig erweitern wollte, entschied ich mich für Teamsport und landete nach ein wenig Internetrecherche bei dem Vollkontakt-Sport »Rollerderby«. Zum einen, weil ich tatsächlich ganz gut Rollschuh fahren konnte, zum anderen gefiel mir, dass es ein Sport war, der zwar nur von Frauen betrieben wurde, aber trotzdem nichts für Zartbesaitete war. Rempeln war erlaubt, schlagen, treten, beißen und kratzen nicht. Das klang nach einer Menge Spaß, nach Ausdauertraining und Luft ablassen können. Aber was mich am allermeisten überzeugte, war die Aufmachung der Teams: Hotpants, Netzstrumpfhosen, Piercings, starkes Make-up und vor allem Tattoos gehören bei einer echten Derby-Frau auf jeden Fall zum guten Ton. Das könnte zu mir passen.

Im Kindergarten – eines meiner wenigen untätowierten Beweisbilder.

Meine Erstkommunion 1991 in Leibnitz – glückliche Kinder sehen anders aus, oder?

Auf dem Grazer Uhrturm – 17 Jahr,
braunes Haar. Denn damals war alles
besser als blond zu sein!

Meine erste große Liebe: mein roter
Mazda 323c. Park and drink!
Das geht, oder?

Tattoo-Convention Gleisdorf, 2007: Tattoo von Herbert Hoffmann, dem damals ältesten Tätowierer der Welt – eine große Inspiration. Da darf das Tattoo mit Ende 80 auch mal etwas krummer werden.

2008, Mein erster Tag als Wahlberlinerin.

Nach einer Vernissage in Berlin.
Feiern kann ich überall – auch
im Einkaufswagen.

Känguru-Essen in Berlin, 2008 – nach einer
Tätowierung auf den Fingern. Denn das macht
hungrig!

Bück dich, ich signier dich! Eines meiner
ersten Autogramme bei einer Magazin-Cover-
Präsentation 2010 in Berlin.

Stärkung für zwischendurch – Tätowierung an
der Wade, 2011. Essen geht immer ...
und lenkt ab von den Schmerzen.

Party at Tattoo-Convention, 2011. Karlsruhe rockt!
Und nein, ich schiele nicht!

Lexy goes to Hollywood! Selfie nach
dem Shoot mit MichellexStar.
Venice Beach, Juni 2011.

Nein, ich beiße nicht auf den Fingernägeln.

Stimmt! Ich mache keine Nackt-
fotos! Die größte Herausforderung:
Ich bin doch Nichtraucherin.

Karussell fahren mal anders.

Im Dirndl – zurück zu den Wurzeln beim Aufsteirern in Graz, 2013.

Backstage – Styling für ein Shooting in München, 2013. Bei meinem Make-Up leg ich am liebsten selbst Hand an.

Maya, mein Baby und Kuschelpartner.

Bunt geht auch in schwarz und weiß.

Ohne Märchenprinz, dafür mit Pelz – ein Foto mit Folgen!

Mit Jean Paul Gaultier in Paris, 2012. Mit dieser Begegnung ging ein großer Traum in Erfüllung.

Lampenfieber vor dem Catwalk. Marc Stone und ich beim Fitting für die Berlin Fashion Week, 2014!

Shooting für das Hype Magazin in München, 2011.
Diamonds Are a Girl's Best Friend!

Shooting für das Hype Magazin in München, 2011.

Ja, es geht auch mal ohne roten Lippenstift.

Ommmm ... Urlaub in Thailand, 2014.
Weit weg von Laufsteg und Swingerclub kann ich
endlich mal ausspannen!

Nach meinem ersten Probetraining war ich einstimmig beschlossenes und festes Mitglied bei den »Bombshell Girls« in Berlin. Die Mädels freuten sich, eine weitere verrückte und bunte Frau im Team zu haben. Allerdings hatten sie eine Bedingung, eigentlich zwei: Erstens, ich müsste regelmäßig jede Woche zum Training kommen und sowohl an Kondition wie auch am Muskelaufbau arbeiten. Und zweitens, mal wieder, bräuchte ich einen anderen Namen: »Wir sind hier beim Rollerderby, nicht im Strickclub«, zogen sie mich in der Umkleidekabine auf. »Sandra Müller geht als Name gar nicht! Wie klingt das denn? Und jetzt kommt ... die gemeingefährliche, wilde, skrupellose Saaaaandra Müüüller! Unmöglich! Überleg dir bis zum nächsten Mal einen furchteinflößenden Spielernamen!«

Als ich abends mit Muskelkater ins Bett fiel, was ein ungewohntes, aber sehr gutes Gefühl war, kreisten meine Gedanken um diese ewige Namensthematik. Künstlername. Furchteinflößender Derby-Name. Ich wollte in erster Linie einen Namen, der mir gefällt, und dachte ganz plötzlich an Lexy, den rosa Computergeist. Diese fast ausschließlich aus Gesicht und Haaren bestehende Comicfigur war die superschlaue Hauptfigur einer Wissenschaftssendung für Kinder, die ich gern sah. Nicht, weil ich mich für wissenschaftliche Themen interessiert hätte, sondern weil Lexy auf alle Fragen eine Antwort hatte. Auf alle! Außerdem fand ich den Titelsong so toll: »Frag nach bei Lexy. Lexy weiß immer, wo es langgeht. Lexy hilft weiter ...« Als Kind hatte ich mir oft Lexy herbeigewünscht, um ihr meine Fragen stellen zu können: »Hey, Computergeist Lexy, warum verhaut mich meine Mama immer? Warum ist Papa das egal? Wieso haben Männer behaarte Beine? Und wieso hab ich keine Freunde?«

Und Lexy hätte dann gesagt: »Weil du was ganz Besonderes bist, Sandra. Du wirst bald Freunde finden. Aber sei immer auf der Hut und nimm niemals Kokain!«

Lexy, so wollte ich heißen. Das gefiel mir. Aber sich nach einem Kindercomputergeist zu benennen, war noch nicht wirklich das, was man furchteinflößend nennen konnte. Also dachte ich, ich hänge einfach noch etwas hintendran, so was wie »Feuer« oder »Hölle«. »Lexy Hölle« klang bescheuert, »Lexy on fire« nach Porno. Aber »Lexy Hell«, das klang richtig gut! Das klang schlau und furchteinflößend. Das klang nach einem Namen, an den ich mich gewöhnen könnte.

Ich war noch so aufgedreht und voller Endorphine, dass ich sofort bei Brave anrief, um ihm meinen Künstlernamen zu präsentieren. Leider erreichte ich ihn nicht. Also gab ich mit Schmollen nach und rief bei Jasmin an, von der ich seit jenem gescheiterten Käsekuchen-Telefonat nichts mehr gehört hatte.

»Hey, ich bin's. Pass auf. Wie klingt das: Lexy Hell!«

Am anderen Ende der Leitung hörte ich ein lautes Schniefen.

»Jasmin?«

»Ja?«

»Heulst du?«

»Ja.«

»So schlimm?«

»Tommy hat Schluss gemacht!«

»Und wieso meldest du dich dann nicht bei mir?«

»Ich dachte, du bist sauer auf mich.«

»War ich auch. Aber das heißt nicht, dass ich nicht für dich da bin, du Trottel! Wieso hat er Schluss gemacht?«

»Er meinte, ich würde zu viel feiern und so …«

»Und so?«

»Zeug nehmen halt …. Kannst du kommen?«

Na bravo. Erneut fand ich mich in der Situation, dass ich eine Freundin mit Liebeskummer trösten sollte, die mich vermutlich, sobald es sich der Herr doch anders überlegt hätte, wieder stehen lassen würde. Aber hey: Ich bin doch Lexy Hell. Ich kümmere mich um Freundinnen genauso wie Sandra Müller, allerdings diesmal nach meinen Regeln.

»Nein. Ich kann nicht kommen. Mein Körper ist übersät mit blauen Flecken. Aber du setzt dich jetzt in die U8, kommst zu mir und ich bestell uns Pizza. Wenn du vorher was nimmst, lass ich dich nicht rein. Verstanden?«

»Verstanden.« Schnief. »Hast du auch Käsekuchen?«

»Klar hat Lexy Hell Käsekuchen. Die *Lexy-Hell-Anti-Liebeskummer-Cheesecake-Tarte!*« Und dann fing ich noch an zu singen: »Frag nach bei Lexy. Lexy weiß immer, wo es langgeht. Lexy hilft weiter …« Am anderen Ende der Leitung hörte ich ein kleines Lachen und plötzlich hatte ich das Gefühl, dass alles gut werden würde.

Golden Shower

Heute ist ein ganz normaler Mittwoch. Ich habe Frühschicht und treffe schon um kurz vor acht Uhr auf eine Frau vor dem Laden. Sie will offensichtlich rein, findet aber die Klingel nicht. Da sie total betrunken ist, sage ich so höflich wie möglich, aber auch so deutlich wie nötig: »Du kannst rein, aber es gibt keinen Alkohol für dich. Einverstanden?«

Sie erwidert: »Fick dich, du Schlampe!«

Was für eine tolle Begrüßung.

»Dir auch noch einen schönen Tag«, sage ich, bevor ich ihr die Tür vor der Nase zuziehe.

Pünktlich um acht Uhr stehe ich wie meistens in kurzen schwarzen Hosen, Netzstrumpfhose und einem Tanktop hinter dem Tresen. Meine Kollegin von der Nachtschicht packt gerade ihre Sachen zusammen und stattet mich noch mit den notwendigen Informationen zur Übergabe aus:

»Die Kasse ist gemacht. Alles andere auch. Nur im Whirlpool liegen vier Idioten aus Spanien. Drei Männer, eine Frau. Die waren wohl nachts schon feiern und sind jetzt seit fünf Uhr hier, saufen wie die Löcher und rauchen dauernd im Becken, obwohl ich ihnen gesagt habe, dass es verboten ist. Hab mal ein Auge auf die.«

Na bravo. So soll ein Tag anfangen. Erst eine fluchende Betrunkene vor der Tür, jetzt rauchende Spanier im Pool. Eine Gruppe von vier Leuten ist da gerade noch so an der Grenze, denn unser Chef hat vorgeschrieben, dass wir grundsätzlich keine Gruppen über sechs Leute reinlassen dürfen. Eine weitere Vorschrift lautet, dass sich nie mehr als sechs »Südländer« auf einmal im Club befinden sollen. Unter »Südländer« fallen für meinen Chef alle, denen man ansieht, dass sie nicht deutsch sind. Sobald wir dieses Maximum an dunkelhaarigen Ausländern erreicht haben, haben wir die Anweisung, alle anderen weiterzuschicken. Wir müssen dann sagen, dass wir gerade »Männerüberschuss« haben.

Ich verabschiede meine Kollegin und bin sehr froh, als die Putzfrau kommt, die mir übrigens einen schönen guten Morgen wünscht. Leider ist fünfzehn Minuten später auch ihre Laune im Keller. Sie steht pitschnass vor mir. Dabei wollte sie so wie jeden Morgen nur den Wellness-Bereich sauber machen. Aber »die Herrschaften«, wie sie sagt, wollten den Raum nicht verlassen und hätten sie stattdessen mit Wasser vollgespritzt.

Ich atme tief durch und gehe selbst Richtung Pool, um den Herrschaften mal etwas Beine zu machen.

»Can you please leave the pool for a moment?«, frage ich in meinem besten Englisch freundlich nach. »The lady would like to clean. It will only take five minutes.« Doch anstatt meiner höflichen Aufforderung nachzukommen, zündet sich einer der Männer eine Zigarette an.

»No smoking in here!«, sage ich jetzt schon etwas forscher und stemme meine Hände in die Hüften. Daraufhin lässt er die Zigarette ins Wasser fallen und alle anderen fangen an zu lachen. Ich bleibe nun mit verschränkten Armen vor ihnen stehen, bis sie schließlich wild auf Spanisch diskutierend das Becken verlassen. Die drei Männer nehmen im Barraum auf einer Couch Platz und bestellen noch mehr Getränke. Die Frau verzieht sich aufs Klo.

»Hoffentlich hauen die bald ab«, flüstere ich unserer Putzfrau zu, die sich erneut mit einem Eimer bewaffnet auf in den Wellness-Bereich macht. Doch schon fünf Minuten später steht sie wieder vor mir. Ihr Gesichtsausdruck ist mit »Fassungslosigkeit« wohl am besten zu beschreiben. Denn als sie auf der Toilette Wasser holen wollte, trat sie in eine riesige gelbe Pfütze. Die Spanierin hat einfach auf den Boden vor den Waschbecken gepinkelt.

Jetzt reicht es mir. Ich knöpfe mir die Tussi vor und frage, warum sie das getan hat. Sie meint nur: »Well, that is why you have a cleaning woman. It is her job, no?!«

Kaum zu fassen, wie asozial manche Leute sind. Unsere Putzfrau war froh, dass immerhin niemand in die Feucht-tücher auf der Damentoilette gepisst hatte. Das kam nämlich auch schon vor. Ob aus Rache oder Fetisch weiß ich nicht. Ein andermal haben zwei Männer auf die Brennstäbe in der Sauna gepinkelt. Aus Frust, weil sie niemanden zum Vögeln vorfanden. Und diesen Geruch bekommt man dann drei bis vier Tage nicht mehr raus.

Auch wenn unsere Putzfrau es gelassen nimmt, meine Ge-duld und Toleranz sind nun endgültig erschöpft. Ich räume die Getränke ab und erkläre den Spaniern, dass sie fünf Minuten Zeit haben, den Laden zu verlassen, bevor ich die Polizei rufe.

Mein Plan geht auf, wenn auch unter lautem Geschimpfe. Als ich die Tür hinter ihnen schließe, klingelt es umgehend erneut. Die »Pinklerin« steht vor mir und sagt: »I would like to say sorry to the cleaning woman. Please.«

»I will tell her«, sage ich knapp.

»Please let me apologize myself.«

Auch wenn ich dieser plötzlichen Gemütswandlung nicht ganz traue, lasse ich sie nun doch rein. Vermutlich, weil ich immer noch an das Gute im Menschen glaube. Doch das seltsame Gefühl in meiner Bauchgegend sollte mich nicht trügen. Tatsächlich hat sie, anstatt sich zu entschuldigen, erneut auf den Boden gepinkelt. Diesmal im Gang vor der Toilette.

9.
DAS MARKENZEICHEN

Tattoos: Diamantarmband, Adler, Rasiermesser,

Zigeunerin, Rose mit Schlagring, Lippenstift,

Schriftzug »rock'n'roll«, Sugarskull, Wolken, Sterne,

Bombe auf dem linken Arm; Totenkopf am Kehlkopf

In den letzten zwei Monaten des Jahres 2008 änderte sich noch so Einiges zum Besseren. Tommy hatte sich tatsächlich von Jasmin getrennt, weil er ihre exzessive Lebensweise nicht mehr ertrug. Das war ein wichtiger Schritt, der Jasmin die Augen öffnete. In den nächsten Wochen verbrachten sie und ich sehr viel mehr Zeit miteinander. Unsere Freundschaft wurde weniger oberflächlich, etwas ernsthafter und damit auch stabiler und schöner. Ich gab mein Bestes, sie von Drogen und Liebeskummer abzulenken. Und dazu war nichts besser geeignet als Sport. Also nahm ich Jasmin mit zum Rollerderby. Sie passte hervorragend in die Gruppe starker Frauen und wurde sofort als neues Teammitglied akzeptiert. Das Training löste auch bei ihr einen derartigen Adrenalinschub aus, dass ein Bedürfnis nach körperfremden Drogen schnell durch die Ausschüttung körpereigener überdeckt wurde.

Jasmin wiederum half mir bei meinen Bewerbungen und der Recherche nach Agenturen. Wir gingen auch abends aus, aber weniger exzessiv – Jasmin, um nicht in Versuchung zu geraten, ich um zu sparen. Noch dazu arbeitete ich parallel weiter an meiner Liste und wollte unbedingt vor Ende des Jahres noch meinen linken Arm und endlich den Rest meines Halses angehen. Auch wenn meine Chancen auf Jobangebote im Einzelhandel damit bestimmt nicht gerade stiegen. Doch Lexy Hell hatte ihre Prioritäten und von ihrem kurzen Abstieg in die Erotikbranche noch genug Geld zur Seite gelegt. Das würde sowohl für Tätowierungen als auch für einen langen Rollkragenpullover reichen.

Trotz Trennung im Freundeskreis blieb ich Tommy als Kundin treu, was Jasmin zu meiner Erleichterung auch verstand. So bekam ich zu einem sehr guten Preis im November den kompletten linken Arm tätowiert. Ich hatte die Motive selbst gezeichnet. In der ersten Sitzung brachte Tommy ein Diamantarmband, einen Adler, ein Rasiermesser, eine Zigeunerin und eine Rose mit Schlagring auf meinen Arm. In einer weiteren den wie von einem Lippenstift geschriebenen Schriftzug »rock'n'roll«, inklusive Lippenstift natürlich. In einer dritten und letzten Sitzung stellten wir den Arm mit einem Sugarskull über dem Ellbogen, Wolken, Sternen und einer Bombe als Lückenfüller fertig. Diese Bombe stellte für mich eine permanente Erinnerung daran dar, dass die Zeit tickte. Denn ich konnte nicht ewig warten. Wenn ich alt und runzelig sein würde, wenn auch alt, runzelig und sehr bunt, würde ich bestimmt kein Tattoomodel mehr werden.

Um weiter in mein Ziel und damit in meinen Körper zu investieren, verschönerte ich diesen nur einen knappen Monat später um eine neue Tätowierung: ein Totenkopf auf meinem Kehlkopf samt Hintergrund aus gelben und violetten Strahlen. Diese Idee entstand zusammen mit meiner Namensschöpfung »Lexy Hell«. Dass dieser Totenkopf mein Markenzeichen werden würde, war mir damals noch nicht klar. Dass er furchteinflößend wirken könnte, schon. Aber genau das gefiel mir gerade so daran. Ich wollte weg von den ewigen Blümchen- und Mädchenmotiven. Wer sich von so einem Totenkopf abschrecken ließ, der konnte mir eh gestohlen bleiben. Denn ich hatte mir fest vorgenommen, mich nur noch mit Menschen einzulassen, die etwas genauer hinsahen, bevor sie ihr Urteil über mich fällten. Dass meine Tätowierungen seit jeher eine Art Schutzwand waren, um nicht jeden sofort an mich ranzulassen, wurde mir erst im Laufe der Jahre klar.

Die Schmerzen bei diesem Tattoo am Hals waren zum ersten Mal fast unerträglich. Noch während des Stechens liefen mir Tränen über das Gesicht. Tommy und ich mussten mehrere Pausen einlegen, um das Motiv überhaupt zu Ende stechen zu können. Als es nach vielen Stunden endlich geschafft war, nahm ich mir ein Taxi nach Hause und fiel sofort erschöpft ins Bett. Wie nach jeder Tätowierung war auch jetzt mein Hals in Frischhaltefolie eingewickelt, damit sich keine Kruste bilden oder Farbverlust entstehen konnte, doch als ich mitten in der Nacht mit zugeschnürter Kehle aufwachte, weil ich mich im Schlaf fast selbst stranguliert hätte, tat ich vor lauter Schreck kein Auge mehr zu. Das wäre wirklich ein mehr als unwürdiger Tod. Ich sah schon die Schlagzeile vor mir: »Österreicherin nach Tätowierung von Frischhalte-folie erdrosselt!« Also lag ich bis zum Morgengrauen wach und fühlte mich mal wieder so richtig einsam. Vielleicht war es wirklich an der Zeit, mir einen festen Freund zu suchen? Oder doch erst mal eine Katze? Aber den Rettungswagen könnte die im Notfall auch nicht rufen. Ich suhlte mich weitere Stunden im Selbstmitleid, bis ich schließlich im Morgen-grauen wieder einschlief – und, oh Wunder, auch wieder auf-wachte.

Als nach ein paar Tagen die Schmerzen nachließen und ich mich vor dem Spiegel betrachtete, war ich mit dem Er-gebnis an meinem Hals mehr als zufrieden. Auch wenn mein Vater das mit seiner Selbstverstümmelungs-Theorie anders sehen würde, fand ich, dass sich die Quälerei auf jeden Fall gelohnt hatte. Lexy Hell war sehr glücklich.

Gegen Ende des Jahres besuchte ich mit Jasmin zum ersten Mal die Tattoo-Convention in Berlin und versuchte, weiter-hin fleißig Kontakte zu knüpfen. Auch wenn ich bezüglich meiner Agentursuche dort noch keinen Erfolg hatte, bekam ich sehr viel Aufmerksamkeit und positives Feedback aus der Szene. Ich war zuversichtlich, was die Zukunft anging, und nahm meine positive Stimmung mit ins neue Jahr 2009.

Nach einem unspektakulären, aber gemütlichen Silvester-fest in kleiner Runde überredete ich Jasmin gleich am ersten Januar zu einem Neujahrsspaziergang. Bei uns in Österreich war das eine Familientradition und solche muss man schließ-lich pflegen. Jasmin war nur wenig begeistert von meinen plötzlichen, traditionellen Anwandlungen, aber stimmte schließlich zu. Denn zum ersten Mal seit vielen Jahren litt sie am Neujahrstag nicht an einer Neujahrs-Drogen-Depression. Ein schönes Gefühl, wie sie gern zugab, während sie mich am Viktoriaberg mit großen Schritten abhängte. Nach diesem langen Spaziergang inklusive Schlittenfahren auf Plastiktüten setzten wir uns in ein Café im Bergmannkiez. Wir bestellten heiße Schokolade mit Sahne und diskutierten unsere Neujahrsvorsätze. Ich wollte fünf Kilo abnehmen, um mich nicht völlig zu blamieren, wenn ich mich bei Agenturen bewarb.

»Da ist die heiße Schokolade mit Sahne auf jeden Fall ein guter Anfang«, grinste Jasmin. Unser Gekicher wurde unterbrochen, als ein junger Mann an unseren Tisch trat.

»Entschuldigt die Störung, aber ich habe gerade eure Unterhaltung mitbekommen. Ich wollte nicht lauschen, aber ich saß direkt nebenan. Also, um es kurz zu machen, ich bin Fotograf und suche für eine Werbekampagne ein tätowiertes Model. Tja, und dann hab ich dich gesehen!«, sagte er und sah mich an.

»Aha«, sagte ich, nicht besonders schlagfertig.

»Also, könntest du dir das vorstellen? Du hast doch schon mal gemodelt, oder?«

Ich spürte, wie mir Jasmin unter dem Tisch ans Bein trat, und sagte schnell: »Ja ... klar. Also, kommt darauf an, was das für eine Kampagne ist.«

»Für ein großes Computerunternehmen. Eine seriöse Sache. Das kann ich versprechen. Wenn du Lust hättest, könnten wir einfach mal Kontakte austauschen. Du kannst mir deine Fotos schicken, ich bespreche das mit dem Art-Director und schicke dir alle Details zu.«

Klar, war ich einverstanden und genau so machten wir das dann auch. Zwei Tage, nachdem ich ihm Fotos von mir geschickt hatte, die natürlich Jasmin geknipst hatte, kam auch schon die Zusage. Und ein paar Tage später war es auch schon so weit: Ich hatte mein erstes offizielles Shooting. Und totale Panik. Denn das Ganze war eine deutschlandweite Kampagne für einen wirklich sehr bekannten Computer-Store. Ich, das schüchterne Mädchen aus der Steiermark, wurde zum ersten Mal für mein Aussehen bezahlt, ohne dabei schmutzige Sachen in ein Computerfeld tippen zu müssen!

Jasmin begleitete mich zu dem Termin, um mir Beistand zu leisten. Zuerst kam ich in die Maske. Dann sah ich bei den anderen Shootings zu. Insgesamt wurden sechs Motive fotografiert. Eines davon war eine zarte Blondine mit einem wirklich gut aussehenden Mann, der mir sofort ins Auge fiel. Ich konnte meinen Blick kaum von ihm wenden. Anscheinend merkte er das auch, denn als die beiden fertig waren, stellte er sich prompt bei mir vor. Jan war mir sofort sympathisch. Er war total entspannt und im »echten Leben« auch kein richtiges Model, sondern Chef einer Werbeagentur. Er sah einfach nur verdammt gut aus und verdiente sich so ab und an etwas dazu. Nicht weil er müsste, sondern weil es ihm Spaß machte. Jan trug für das Shooting einen Anzug, was ich seit jeher unglaublich attraktiv finde. Männer im Anzug sind für mich wie ein Magnet, aber in den Kreisen, in denen ich mich bisher bewegt hatte, eher die Seltenheit.

Unser Flirt wurde unterbrochen, als ich endlich an die Reihe kam. Mein Fotopartner hieß David. Er war stark tätowiert und hatte ein unheimlich charmantes und entwaffnendes Lächeln. Gott sei Dank war er nicht mein Typ, somit konnte ich mich ganz und gar auf die Arbeit konzentrieren, auch wenn ich sehr wohl spürte, dass Jan uns die ganze Zeit über zusah. Das Shooting selbst ging in knapp zwanzig Minuten schnell über die Bühne. Mit David an meiner Seite und Jans Blicken auf mir gab ich alles und fühlte mich von Anfang an sehr wohl. Das Team war unheimlich sympathisch und sehr professionell. Jeder wusste ganz genau, was er wollte, und überraschenderweise war ich in der Lage, es ihnen zu geben.

Bevor ich mich von allen verabschiedete, fragte Jan tatsächlich, ob ich vielleicht mal Lust hätte, mit ihm einen Kaffee trinken zu gehen. Ich nickte schüchtern und schrieb ihm meine Nummer auf. Vermutlich wäre ich weniger verlegen gewesen, wenn Jasmin hinter Jans Rücken nicht dauernd obszöne Gesten und Grimassen gemacht hätte.

Mit diesem Shooting hatte ich Blut geleckt. Ich wollte mehr. Mehr vom Modeln und mehr von Jan.

Tatsächlich rief er ein paar Tage später auch schon an. Von Kaffee war allerdings nicht mehr die Rede. Jan war beruflich ziemlich eingespannt, daher verabredeten wir uns auf einen Rotwein nach seinem Feierabend. Ich war gespannt darauf, Jan im »echten« Leben zu sehen, und wurde leider ziemlich enttäuscht. Denn da fand ich ihn gar nicht mehr attraktiv und noch dazu ziemlich unsympathisch. Obwohl Jan direkt aus der Agentur in die Bar kam, sah er ziemlich flodderhaft aus. Es müsste ja nicht immer ein Anzug mit Krawatte sein. Nichts gegen Jeans und T-Shirt, aber ohne Flecken wäre schon schön gewesen, zumindest beim ersten Date. Außerdem roch er extrem nach Schweiß. Jan schien das alles nicht zu stören. Sobald der Wein auf dem Tisch stand, trank er diesen in großen Zügen hastig leer, ohne vorher mit mir anzustoßen. Die nächste Stunde erzählte er durchweg nur von sich. Dass er gerade eine neue Wohnung gemietet hatte. Also eigentlich schon vor drei Monaten, als er sich von seiner Frau getrennt hatte. Aber die Wohnung wäre noch völlig unmöbliert. Da würde wohl die weibliche Hand fehlen. Irgendwann war ich mir nicht mehr sicher, ob er eine Freundin, eine Bettgeschichte oder eine Haushälterin suchte, und genau das fragte ich ihn dann auch. Jan meinte: »Na ja, eine Kombination aus allen dreien wäre schön.«

Damit war unser Date auch schon wieder beendet. Jan war kein Mann für mich. Im »echten« Leben sahen wir uns nicht mehr, aber Jan sah mich vermutlich des Öfteren wieder, wenn auch nur auf Papier. Denn von allen fotografierten Motiven wurde nur ein einziges ausgewählt. Dass David und ich für die nächsten drei Jahre zu einem überall präsenten Werbeträger wurden, half mir schnell über die private Enttäuschung dieses Date-Fauxpas hinweg.

Doch tatsächlich sollte ich meine große Liebe noch finden. Und zwar schon wenige Wochen später: Ich war gerade mit Jasmin auf der Eröffnungsfeier eines neuen Tattoostudios in Berlin und hatte alles andere als Männer im Kopf. Stattdessen war ich immer noch auf der Suche nach einer Agentur. Bis er, Stefan, plötzlich vor mir stand. Ich sah in seine grünen Augen und war sofort verliebt. Er sah mir auch erst in die Augen. Dann musterte er mich kurz, blieb für einige Sekunden an dem Totenkopf hängen, sah wieder in meine Augen und lächelte mich an. Es war wie im Film. Wir machten etwas Smalltalk und ich musste über fast alles lachen, was er sagte. Zum einen, weil ich furchtbar nervös war. Zum anderen, weil Stefan unglaublich lustig war. Irgendwie haben wir es tatsächlich geschafft, unsere Nummern auszutauschen, obwohl wir beide so schüchtern und tollpatschig waren, dass es schon fast zum Slapstick ausartete. Mir fiel permanent der Stift aus der Hand und Stefan brachte erst beim dritten Versuch seine Telefonnummer wieder zusammen. Ich war vom ersten Moment an total verknallt. Stefan auch. Das fand ich aber erst sehr viel später raus, denn Stefan und ich dateten uns von nun an über vier Monate, bevor wir endlich ein Paar wurden. Und das zerrte nicht nur an meinen Nerven.

»Gut Ding will Weile haben«, tröstete mich Jasmin, der das Thema Stefan schon zu den Ohren raushing.

»Gut Ding am Arsch!«, motzte ich ungeduldig zurück. Ich wollte nicht mehr warten. Weder privat noch beruflich. Ich hatte mich inzwischen bei unzähligen Agenturen beworben, aber immer noch keine Rückmeldung bekommen. Die schickten ja nicht mal Absagen. Und meine Treffen mit Stefan waren zwar immer wunderschön, aber ich ging jedes Mal ungeküsst nach Hause.

»Vielleicht ist er schwul?«, spekulierte Jasmin.

»Vielleicht steht er einfach nicht auf mich!«, gab ich zurück.

»Klar, deswegen trifft er sich dauernd mit dir und schreibt dir so süße SMS. Weil er einfach nicht auf dich steht.«

Ach, da hatte sie auch wieder recht. Vielleicht doch schwul? Es war zum Verzweifeln! Ich war einfach zu schüchtern, um die Initiative zu ergreifen, und Stefan offensichtlich auch. Wir trafen uns regelmäßig, gingen ins Kino, spazieren oder unterhielten uns stundenlang in Cafés, Bars und Kneipen. Aber mehr passierte einfach nicht. Parallel überarbeitete ich mein Portfolio und bewarb ich mich weiter um eine Agentur. Außerdem auch wieder um eine Stelle im Einzelhandel, was wie erwartet ähnlich erfolglos verlief. Seit meinem ersten bezahlten Shooting waren auch schon wieder einige Wochen verstrichen. Ich hatte zwar noch ein paar finanzielle Reserven, aber zu viel Zeit durfte nicht mehr vergehen, bevor wieder etwas passierte. Denn ich nahm an, mein Vermieter würde nur wenig Verständnis für das schleppende Anlaufen meiner Modelkarriere aufbringen.

Eines schönen Tages im April klingelte dann endlich mein Telefon. Es war die Chefin einer Agentur, die ich angeschrieben hatte. Sie fragte mich, ob ich spontan Zeit hätte, bei einem Musikvideodreh als Statistin mitzumachen. Ich müsste nur etwas im Hintergrund tanzen. Heute wäre schon das Fitting, morgen der Dreh. Ich tat so, als würde ich kurz in meinem Kalender nachsehen, und sagte dann zu. Zwar hatte ich keine Ahnung, ob mich meine motorischen Fähigkeiten als Background-Tänzerin qualifizierten, aber aus Selbstzweifel abzusagen, konnte ich mir wirklich nicht leisten. So fand ich mich drei Stunden später in den Produktionshallen in Westend wieder, inmitten eines professionellen Filmsets. Das ganze Equipment, die Kameras, all die Lichter und die vielen Menschen, die in Headsets und Walkie-Talkies sprachen, machten mich noch nervöser, als ich eh schon war. Sofort kam eine junge Frau auf mich zu und stellte sich als »Svenja, die Aufnahmeleiterin« vor. Als wenn ich damals gewusst hätte, was das bedeutete. Sie führte mich nach oben, vorbei am Catering, das wirklich sehr lecker aussah, direkt in die Maske. Während ich schon von zwei Damen gleichzeitig geschminkt und frisiert wurde, kam ein Mann herein, der mir sofort die Hand reichte. »Du musst Lexy sein. Super, dass du spontan Zeit und Lust hattest, bei uns mitzumachen.«

Ich presste ein »Gerne« raus, wobei ich versuchte, meinen Mund nicht zu stark zu bewegen, da gerade meine Lippen gemacht wurden. Ich nahm an, der Typ sei »Sven, der Aufnahmeleiter« oder so ähnlich. Anschließend wurde ich ins Kostüm geschickt und musste vor verschiedenen Leuten ein bisschen auf und ab laufen. Nach diesem Fitting sagte man mir, ich solle morgen um neun Uhr wiederkommen, hohe Schuhe und etwas

Zeit mitbringen. Auf dem Weg nach Hause rief ich noch mal bei der Agentur an und fragte, für wen das Video eigentlich sei.

»Na, für Curse. Du hast ihn doch getroffen, oder?«

»Na klar«, sagte ich und schämte mich furchtbar. Curse? Das war doch dieser deutsche Rapper? Ich hatte ihn wirklich nicht erkannt. Noch am selben Abend rief ich Stefan an und erzählte ihm, was passiert war. Er freute sich sehr für mich und versprach, mich am nächsten Tag nach meinem ersten Dreh abzuholen, damit wir das gebührend feiern könnten.

Der Dreh am nächsten Tag war aufregend, aber auch sehr mühsam. Ich dachte, mit meinen zwei bis drei Szenen, für die ich eingeplant war, würde ich in maximal zwei bis vier Stunden fertig sein. Aber nichts da. Zuerst war ich noch länger in der Maske als am Tag zuvor. Dann kamen unzählige Szenen, in denen ich nicht vorkam. Ich musste stundenlang warten und schlug mir am Catering vor lauter Nervosität den Bauch voll. Als ich endlich drankam, drehten wir jede Szene wieder und wieder. Noch mal mit anderem Licht, verschiedenen Kameraperspektiven oder Pausen für die Technik. Ich hatte eine Szene mit einem Baby auf dem Arm, eine Szene, in der ich telefonieren musste, und wurde ansonsten angehalten, permanent im Hintergrund zu tanzen.

Gegen 23 Uhr und nach vier Nachrichten an Stefan, dass es noch länger dauern würde, kam ich halbtot, aber auch sehr stolz und glücklich raus. Und ich war noch glücklicher, als tatsächlich Stefan vor mir stand. Ich weiß nicht, wie ich es geschafft habe, aber in diesem Moment, als ich ihn sah, konnte ich nicht anders, als ihm einfach um den Hals zu fallen und ihn endlich zu küssen. Gott sei Dank erwiderte er meinen Kuss. Und nicht nur das. Wir verbrachten unsere erste Nacht zusammen. Die erste von sehr vielen weiteren Nächten, Wochen und Monaten als glückliches Paar.

Als ich ein halbes Jahr später zusammen mit Stefan zum ersten Mal das Musikvideo sah, fand ich es verwunderlich, dass man in den drei Minuten dieses Videos wirklich nicht sieht, wie viel Zeit und Arbeit tatsächlich hinter so einem Dreh steckt. Man sah mich ganz kurz telefonieren und mit nacktem Baby auf dem Arm, aber als Background-Tänzerin hatte ich mich offensichtlich nicht qualifiziert. Stefan meinte, er würde gern mit mir trainieren: »Am besten wir fangen mit Poledance an ...«

Stange statt Ständer

Auch unser Chef hat tatsächlich ab und an kreative Anwandlungen. So wie die Idee, unser kaltes Buffet um »Mettigel« zu ergänzen oder das Motto »FKK« für eine Nackt-Partyreihe einzuführen, was mir wenig sinnig erscheint, da die Leute bei uns meistens eh nackt sind. Früher oder später. Dass »FKK« an sich auch nicht das einfallsreichste Motto für eine solche Veranstaltung ist, behielt ich auch einfach mal für mich. Wir sind hier ja schließlich keine Werbeagentur und der Chef hat ja recht: Man muss das Motto schlicht halten, um die Kundschaft nicht zu irritieren, die ja schon mit »100 % Sexgarantie« Verständnisschwierigkeiten hat.

So ließen wir, die Angestellten, ihn meist walten in seinem kreativen Flow. Vor allem, weil es uns eigentlich egal war. Bis zu dem einen Tag, als er uns in einer Teamsitzung mit einem neuen Motto für den Dienstag um die Ecke kam. Er wollte so gern unser Standardrepertoire um eine Sado-Maso-Reihe ergänzen und dazu hatte er sich das Motto »Schlag die Schlampe« einfallen lassen, das er so genial wie aussagekräftig zugleich fand. Wir auch. Und endlich waren wir, das 100 % weibliche Barpersonal, uns zum ersten Mal einig: auf gar keinen Fall! Unsere Kundschaft war so schon schwierig genug, da konnten wir auf ein paar halbstarke Männer, die sich von dem Satz »Schlag die Schlampe« angesprochen fühlten, gut und gern verzichten. Das würde in Mord und Totschlag enden.

»Es gibt so viele andere Clubs, die ausschließlich SM machen. Ich denke, wer darauf Lust hat, geht dann eher in einen richtigen SM-Club, oder?«, fragte ich etwas kleinlaut in die Runde.

»So, Sandra. Ist das so?«, fragte mein Chef mit hochrotem Kopf und machte anschließend eine lange, dramaturgische Pause. Eine zu lange Pause. Das kannten wir schon. Gleich, so wussten wir, war es wieder so weit: Der Chef und seine cholerischen Anfälle. Und schon schrie er los: »Bald gehen alle woanders hin, wenn wir uns in diesem eingewichsten Scheiß-Saftladen nicht mal was Neues zum Ficken überlegen. Und dann habt ihr Schlampen alle keinen Job mehr!«

Ich spürte sofort einige vorwurfsvolle Augenpaare auf mir und wünschte, ich hätte einfach wie immer die Klappe gehalten. Denn jetzt, so schien es, musste *ich* mir wohl »etwas Neues zum Ficken« einfallen lassen. Alle sahen mich erwartungsvoll an, einschließlich dem vor Wut schnaubendem Chef.

»Äh ... Wie wäre es denn mit ... äh ... äh ...« In meinem Kopf ratterte es. Was war frei von Gewalt? Und was könnte Männern und Frauen zugleich Spaß machen? »Vielleicht eine Maskenparty? So wie in Eyes Wide Shut?«, brachte ich zaghaft hervor.

»Kindergartenscheißdreck«, schrie mein Chef.

»Okay. Ähm. Ich hab's: Wie wäre es mit Poledance? Mandy ist eh gut an der Stange und die Typen finden das heiß.«

Ich weiß auch nicht, warum ich das gesagt hatte, aber als ich für circa zehn Sekunden darüber nachdachte, was Männern und Frauen Spaß machen könnte, erinnerte ich mich an die Diskussion, die ich einst mit Stefan zu diesem Thema geführt hatte. Uns fehlte es an Gelegenheit und Stange, um das in der Praxis auszuprobieren, aber es wäre bestimmt lustig geworden.

»Poledance«, wiederholte mein Chef und schwieg. Wir stellten uns schon alle auf das nächste Donnerwetter ein, bis er noch mal ganz langsam »Poledance« sagte und seine Augen zu leuchten begannen. »Das ist genial! Ich hab auch schon ein super Motto. Ich nenne es: die Poledance-Party!« Diese geniale Betitelung untermalte er mit einer ausladenden Geste und griff sich anschließend an den Sack. Das wiederum hatte keine Bedeutung. Das macht er immer unbewusst dann, wenn er sich freut.

Heute ist es tatsächlich so weit. Unsere erste »Poledance-Party«, was sich auch immer hinter diesem geheimnisvollen Motto verbergen möge? Unser Genie von Chef hat dazu zusammen mit seinem Vater, der auch unser persönlicher Catering-Service ist, eine Stange im Barbereich montiert. Mandy wurde für den kompletten Abend gebucht, um sich an genau dieser animierend zu räkeln, wann immer sie leer sein sollte. Mandy hasst mich jetzt. Zum einen, weil ich ein Auge auf sie haben soll, dass sie sich immer schön an die Stange hält. Zum anderen, weil ihr alle erzählt haben, dass die ganze Sache meine Idee gewesen wäre. Da ich fürchte, es könnte nun doch noch zu »Schlag die Schlampe« kommen, mache ich erst mal sehr intensiv die Kaffeemaschine sauber, um Blickkontakt mit ihr zu vermeiden.

Tatsächlich muss Mandy im Laufe des Abends gar nicht so oft ran wie befürchtet. Denn die Stange kommt sehr gut an und ist überraschend gut besucht. Wir haben sogar drei Pärchen hier, wobei sich die Frauen mutig, wenn auch nicht allzu grazil, an die Stange werfen, darum wickeln und zwischen ihren Beinen reiben. Sie scheinen Spaß zu haben. Ihre Männer auch. Nach ein paar weiteren Runden an Stange und Getränken werden dann auch schon die Partner getauscht. Die Party läuft!

Fast bin ich ein bisschen stolz auf meine tolle Idee und überlege schon, ob ich mich vielleicht mal beruflich als Event- und Partyplanerin versuchen sollte.

Doch meine Träumereien über eine berufliche Zukunft außerhalb dieser Swingerhölle werden unterbrochen, als Sabine klingelt. Unsere obdachlose Nymphomanin lässt sich eine solche Party natürlich nicht entgehen. Allerdings hat sie schon wieder einen sitzen, weswegen ich sie eigentlich nicht reinlassen sollte. Doch als sie mich mit ihren traurigen, trüben Augen ansieht und sagt: »Sandra, wo soll ich denn sonst hin?«, kann ich natürlich nicht anders, als sie reinzulassen.

Sabines Demut hält nicht lange an. Sie hat sich prompt in eine Dreiergruppe Männer fallen lassen und sich dabei zugleich einen Cocktail trotz meines Verbotes erschlichen.

Sabine fackelt wie immer nicht lange und fragt in die Runde: »Will einer von euch ficken?« Seltsamerweise schreit niemand sofort »Hier!«, was vielleicht auch daran liegt, dass sich gerade Mandy an der Stange schlängelt, und alle Blicke, auch die von Sabines drei Sitznachbarn, sind auf sie gerichtet.

Sabine wäre nun nicht Sabine, wenn sie nicht sofort aufstehen und mit »Mach mal Platz, Puppe, und lass die Mutti ran!« Mandy von der Stange vertreiben würde.

Wirklich, ich sah es kommen. Und ich tat, was ich konnte. Ich schmiss das Geschirrtuch von mir und versuchte noch im letzten Moment Sabine aufzuhalten. Aber es ging einfach zu schnell. Der erste Sprung von Sabine an die Stange ging noch gut, doch als sie sich mit einer Hand an der Stange festhielt und mit vollem Körpereinsatz drum herumschwang, wieder und wieder, da geschah es: Ihre verschwitzte Hand löste sich und Sabine knallte im Schwung mit vollem Effet über einen Stuhl an die nächste Wand. Sie klatschte mit der kompletten linken Körperseite dagegen, rutschte dann wie eine Comicfigur langsam ab und hinterließ einen roten Blutfleck.

Sie hat sich in dieser Nacht drei Rippen und die Nase gebrochen. Ich musste den Krankenwagen rufen. Die Rettungssanitäter versuchten zwar angestrengt, sich nichts anmerken zu lassen, aber man sah ihnen an, dass sie über diesen ungewöhnlichen Unfall samt Einsatzort mehr als amüsiert waren. Mein Chef dagegen nicht so sehr. Schuld war natürlich ich. Und wer weiß? Vielleicht hat er recht. Vielleicht wäre »Schlag die Schlampe« doch gewaltfreier und unblutiger verlaufen?

10.

LIEBE, LUST, LOS ANGELES

*Neue Tattoos: Flamingo auf der linken Wade; Schlange,
Panther & Flamme auf der rechten Wade; Sarg mit
mexikanischer Totentag-Frau samt Schriftzug »dum spiro
spero « und Geburtsjahr 1986 auf der Rückseite rechter
Oberschenkel; Meerjungfrau und Haifisch auf linkem
Oberschenkel; Schriftzug »Los Angeles« auf der Innenseite
linker Oberarm*

Von nun an, Mitte April 2009, war plötzlich alles zum ersten
Mal einfach nur gut. Sogar mehr als das. Denn nach dem
Musikvideo wurde ich offiziell in die Agentur, die mir den
Dreh vermittelt hatte, aufgenommen. Diese war zum Glück
nicht auf Hungerhaken-Models spezialisiert, denen man ununterbrochen Schokolade in den Mund schieben möchte,
sondern auf außergewöhnliche Typen. So wie mich. Ich fühlte
mich dort sehr gut aufgehoben, nahm mir aber trotzdem vor,
ein paar Kilo abzunehmen, die ich nun mal wirklich zu viel
auf der Waage hatte.

Nach dem Musikvideodreh bekam ich immer wieder, wenn
auch in unregelmäßigen Abständen, Aufträge vermittelt, zum
einen über meine Agentin, zum anderen auch privat, wie
zum Beispiel über Facebook. Denn nach wie vor wurden
Leute auch aufgrund der Computer-Werbekampagne auf mich
aufmerksam. Es kamen Magazin-Shootings dazu, darunter
auch einige Cover-Shootings für Lifestyle- und Tätowier-

Magazine aus aller Welt. Der Ball kam langsam ins Rollen. Mein Gesicht und Körper wurden immer präsenter. Kurze Zeit später schrieb mich eine Frau namens Sneshina an, die über ein Portrait im Prinz-Magazin auf mich aufmerksam geworden war. Sie stellte sich per E-Mail als Hutdesignerin vor und fragte mich als Model für ihr Label »Sahnehäubchen« an. Wir lernten uns kennen, mochten uns sofort und ich war gern bereit, ein Shooting für sie und ihre Hüte zu machen. Die Bezahlung war relativ gering, aber ich fand diese Frau einfach toll. Mir imponierte die Leidenschaft, die sie für ihre Arbeit an den Tag legte. Bei ihren selbst entworfenen Hüten saß alles perfekt, bis ins kleinste Detail. Auch beim Shooting hatten wir wahnsinnig viel Spaß. Sneshina nahm ihre Arbeit sehr ernst, ohne jedoch dabei den Humor zu verlieren. Sie war eine richtige Geschäftsfrau, hatte zu jedem Hut bereits das passende Outfit und Make-up im Kopf und überließ nichts dem Zufall. Somit wurde die Kampagne für uns beide ein großer Erfolg. Sie verkaufte ohne Ende Hüte und ich bekam weiter Anfragen rein. Doch das Schönste an der Sache war, dass wir darüber beste Freundinnen wurden.

Ich war weiterhin auf sehr vielen Tattoo-Conventions unterwegs – deutschlandweit, auch sehr viel in Österreich und einmal in London. In Mannheim ließ ich mir per Handpoking einen keltischen Flamingo auf die linke Wade tätowieren. Anstatt der sonst üblichen Tattoonadel wurde mir diese Zeichnung mit einem Fuchszahn per Hand in die Haut gestochen. Diese Technik des Tätowierens stammt von den

Maori, den Ureinwohnern Neuseelands, die immer noch nach dieser Art ihre Körper gestalten. Das Ganze dauert dann etwas länger, da nur wenige Stiche pro Sekunde in die Haut gelangen. Allerdings wird die Haut weniger gereizt und die Wunde heilt schneller ab. Genau deshalb war ich sehr gern geduldig.

Parallel knüpfte ich weiter Kontakte, arbeitete an meiner Homepage und betrieb trotz Agentur auch selbst erfolgreich Akquise. Der einzige Nachteil meines allmählichen beruflichen Aufschwunges war, dass ich bei den Bombshell-Girls aufhören musste. Mir fehlte nun die Zeit für das regelmäßige Training, außerdem kamen die blauen Flecken, die ich mir dabei zuzog, bei meinen Auftraggebern nicht besonders gut an. Noch viel schlimmer als die paar Schrammen waren die ernsthaften Verletzungen. Bei einer meiner letzten Trainingseinheiten hatte ich mir so böse die Rippen geprellt, dass ich ein Casting am nächsten Tag absagen musste, und das konnte ich mir einfach nicht leisten. Die Mädels waren über meinen Ausstieg etwas enttäuscht, konnten meine Entscheidung aber auch verstehen. Sie freuten sich für mich, dass es beruflich nun voranging. Und auch privat schien es endlich zu laufen.

Stefan und ich waren wahnsinnig ineinander verliebt. Wir liebten es, lange Spaziergänge zu unternehmen und es uns abends mit Sushi vor dem Fernseher gemütlich zu machen. Dann zündeten wir Kerzen an, tranken Weißwein dazu und genossen unter einer Decke aneinander gekuschelt die Zweisamkeit. Ich musste nun keine Sorge mehr haben, allein tot in meiner Wohnung aufgefunden zu werden. Neben dieser nicht zu unterschätzenden Tatsache war ein weiterer Vorteil einer festen Partnerschaft, endlich regelmäßigen Geschlechtsverkehr zu haben. Wir haben uns zusammmen ausprobiert und ständig Neues versucht. Manches lief besser, anderes nicht so. Schnell stellten wir fest, dass wir weder an Rollen- noch Fesselspielen Gefallen fanden, dafür liebten wir beide lange Vorspiele, die uns fast in den Wahnsinn trieben. Wir mochten Blümchensex genauso wie eine versaute Nummer im Fahrstuhl. Sex mit Stefan machte einfach Spaß. Ich hatte zum ersten Mal das notwendige Vertrauen zu einem Mann, um das zu machen und zu zeigen, worauf ich wirklich Lust hatte. Ich schämte mich nicht mehr. Stefan wurde nicht müde, mir zu versichern, wie schön er mich und meinen Körper fände. Er liebte meine Tattoos und war auch selbst stark tätowiert. Bereits zwei Wochen, nachdem wir uns kennengelernt hatten, kam er überraschend mit einer neuen Tätowierung zurück. Ich war geschockt. Denn er hatte sich »LEXY HELL« über das Herz tätowiert. Ich war völlig außer mir. Auch wenn ich der festen Überzeugung bin, dass jedes Tattoo seine Berechtigung hat, würde ich immer davon abraten, sich den Namen eines Partners zu tätowieren. Selbst wenn man verheiratet ist. Viele Tätowierer lehnen das sogar grundsätzlich ab. Die Namen des eigenen Kindes könnte ich noch nachvollziehen, aber niemals den des Partners, denn in der Liebe gibt es nun mal keine Garantie.

Ich versuchte dennoch, mir meinen Schock gegenüber Stefan nicht allzu sehr anmerken zu lassen. Schließlich war es schon passiert. Ich hoffte einfach nur, mein Freund wusste, dass auch diese Tätowierung keine Garantie für unsere Liebe sein konnte.

Anfang 2010 lief ich meine erste Show im Rahmen der Fashion Week Berlin. Es war nur eine kleine Show von Jung-designern, aber ich war immerhin zum ersten Mal mit dabei. Auf der Fashion Week. Als Model! Ich war sehr fasziniert und auch etwas neidisch auf die anderen Models, die alle schon so professionell wirkten. Auf ihre scheinbar heile, schöne, auch so tolle und wichtige Welt. Alle waren jünger und um einiges schlanker als ich. Aber ich, ich war die Bun-teste. Immerhin.

Wenige Monate später hatte ich genug gespart, um end-lich mit meinem rechten Bein zu starten, das noch völlig farblos war. Ich ließ mir von Tommy im japanischen Stil eine Schlange und einen Panther über das halbe Bein stechen. Die Schlange steht für die Sünde, aber auch für Heilung. Der Panther für Macht, Stärke und Kampfgeist. Als perfekte Er-gänzung für zwei so starke Geschöpfe wählte ich verbindende Flammen. Feuer wird in sehr vielen Kulturen als heilig ver-ehrt, steht für Zerstörungskraft, wird aber auch als reinigend angesehen. Ich selbst war schon immer fasziniert von diesem zweiseitigen Element.

Verwunderlicherweise war das Tätowieren am Bein wirklich gut auszuhalten. Vielleicht war ich aber auch nur schmerzunempfindlicher geworden, weil ich so verliebt und glücklich war. Die Schmerzen waren also erträglich, aber der Heilungsprozess zog sich unendlich in die Länge. Anstatt der maximal üblichen zehn Tage, in denen die Wunde heilt und der Schorf sich legt, dauerte es am Bein bei mir ganze drei Wochen. Vielleicht auch deshalb, weil es mir so gut gefiel, von Stefan umsorgt und gepflegt zu werden. Er cremte regelmäßig mein Bein ein, obwohl ich da auch allein sehr gut rangekommen wäre. Aber meine Proteste wehrte er stur ab: »Süße, das heilt doch viel schneller, wenn ich das mache.« Ich hatte den tollsten Freund auf der Welt.

Eines Tages kam er spontan vorbei und sagte, ich sollte mich anziehen, er hätte eine Überraschung für mich. Nichtsahnend stieg ich zu Stefan ins Auto. Ich war sehr erleichtert, als wir an einer Tierarztpraxis hielten, denn ich fürchtete schon, dass er mir seinen Namen auf den Körper tätowieren lassen wollte. Doch Stefan hatte eine viel bessere Idee. Ich sollte mir ein Katzenbaby aussuchen. Schließlich würde das auf meiner Vorsatzliste stehen, wie er sich richtig erinnerte. Doch aus dem Baby wurde nichts, denn als mir die Tierärztin die Katzen zeigte, verliebte ich mich sofort in eine bereits zweijährige, sehr scheue Schildpattkatze. Ich setzte mich zu ihr, streichelte sie und die Katze fing an zu schnurren. Sie wollte sofort auf meinen Schoß.

»Das macht sie sonst nie!«, sagte die Tierärztin verblüfft und meine Entscheidung für Maya, wie ich sie später nannte, war gefallen. Stefan und ich fuhren zusammen mit der Katze zurück.

»Jetzt sind wir zu dritt!«, sagte er stolz und strahlte mich an. »Und du hast jemandem zum Kuscheln, wenn ich nicht da bin. Ein haariger Vierbeiner ist da gerade noch erlaubt!« Ich war so glückselig, dass ich dieses erste Anzeichen von Stefans späterer Eifersucht nicht erkannte. Ich liebte die Katze und Stefan noch ein bisschen mehr, wenn das überhaupt noch möglich war.

In den kommenden Monaten war ich sehr glücklich und entspannt, obwohl ich auch weiterhin von der Hand in den Mund lebte. Sobald ich etwas mehr Geld auf dem Konto hatte, stand ich vor der Entscheidung: Vernunft oder Risiko? Sollte ich für Rücklagen sorgen oder Geld in ein neues Tattoo investieren? Ich entschied mich fast immer für Letzteres. Denn da, wo ich beruflich hin wollte, galt jedes Tattoo als Investition in meine Zukunft. Bereits wenige Wochen nach meiner Beintätowierung entdeckte ich in einem Magazin das Foto einer mexikanischen Totentag-Frau. Ich fand diese Frau so faszinierend und den mexikanischen Brauch, den Tod mit bunten Skulpturen und Masken zu feiern, so schön, dass ich mir so ein ähnliches Bild auf die Rückseite meines rechten Oberschenkels stechen ließ, eingebettet in einen Sarg. Daneben findet sich mein Geburtsjahr,1986, sowie der Schriftzug »dum spiro spero, solange ich atme, hoffe ich«.

Nicht jedes Tattoo auf meinem Körper hat eine Bedeutung, denn viele Motive fand ich einfach nur ästhetisch, aber jedes Tattoo hat seine Berechtigung. Und das Thema »Hoffnung« war und ist immer schon ganz groß bei mir. Genauso wie Leben und Tod oder eben die Tatsache, dass alles vergänglich ist. Damals habe ich vermutlich einfach nur gehofft, dass alles so gut bleibt, wie es gerade war. Leider ist das nicht passiert.

Alles fing Mitte 2010 damit an, dass mich meine Agentur inzwischen nicht nur noch unregelmäßiger bezahlte, sondern nach einer erfolgreichen Co-TV-Moderation für einen privaten Sender meine Gage komplett ausblieb. Als ich versuchte, der Sache und vor allem meinen zweitausend Euro auf den Grund zu gehen, konnte ich niemanden in der Agentur erreichen. Bis ich endlich die Nachricht erhielt, dass die Firma insolvent gegangen und die Geschäftsführerin untergetaucht wäre. Ich hatte also nicht nur eine Woche umsonst gearbeitet, sondern musste mich auf erneute Agentursuche begeben. Klinken putzen war wieder angesagt.

Von nun an verbrachte ich wieder sehr viel Zeit damit, mich auf Veranstaltungen und Messen rumzutreiben. Ich versuchte, Leute kennenzulernen und neue Kontakte zu knüpfen, sehr zum Unwohlsein meines Freundes, der immer eifersüchtiger wurde. Während er mich anfangs noch auf Events, Partys und Messen begleitete, hatte Stefan immer weniger Lust, »mein Klotz am Bein« zu sein. Sein anfänglicher Stolz auf seine Freundin Sandra, die immer öfter als »Lexy Hell« erkannt und angesprochen wurde, wich mehr und mehr einer unbegründeten Eifersucht. Mit der Zeit entwickelte er einen ungesunden Respekt vor mir, der sich auf unser Beziehungsleben negativ auswirkte: »Du bist Lexy

Hell! Und ich der komische Freund an deiner Seite, den niemand kennt.« Sein Selbstbewusstsein ging langsam, aber sicher den Bach runter, sein Misstrauen nahm zu. Sobald ich allein auf Events ging, unterstellte er mir, mit anderen zu flirten, am Ende sogar, ihn betrogen zu haben. Das machte mich wütend und traurig. Wütend, weil Fremdgehen wirklich das Letzte war, was ich im Sinn hatte, und traurig, dass er nicht verstand, zwischen seiner Freundin Sandra Müller, die ihn über alles liebte, und dem Model Lexy Hell zu unterscheiden, die aus beruflichen Gründen nun mal viele Kontakte pflegen und knüpfen musste.

Mit Stefan unterwegs zu sein, wurde von da an immer schlimmer. Ging es nach ihm, war sofort jeder Typ, der ein Foto mit mir haben wollte, in mich verliebt. Oder er behauptete, ich hätte jemandem schöne Augen gemacht und bestimmt längst eine Affäre. Das ging so weit, dass er mir sogar unterstellte, mit meinen schwulen Freunden ein Verhältnis zu haben. Stefan benahm sich mehr und mehr wie ein kleines, trotziges Kind. Egal, ob ich mit anderen Männern Fotos machte oder meinen Facebook-Fans schrieb, die täglich mehr wurden. Von dem souveränen, liebevollen Mann, in den ich mich einst verliebt hatte, war nach über einem Jahr Beziehung nicht mehr viel übrig geblieben. Ich versuchte, ihm immer wieder zu erklären, dass das nun mal zu meinem Job gehörte. Aber wenn in der Zeitung stand, dass ich eine Affäre mit einem bekannten Musiker hätte, dann schien Stefan den Boulevard-Schlagzeilen mehr Glauben zu schenken als mir.

Ich hielt noch eine ganze Weile an unserer Beziehung fest und versuchte, sehr viel Rücksicht auf Stefan zu nehmen. So viel, wie ich es mir beruflich eben gerade noch leisten konnte.

Und das konnte ich bald nicht mehr allein entscheiden. Meinen neuen Agenten Rolf Schneider hatte ich bereits Anfang des Jahres auf der Fashion Week kennengelernt. Er war unter anderem auch Castingdirector der Jury von »Germanys Next Topmodel«, fand mich interessant und gab mir seine Karte. Ich rief ihn an und nach einigen Verhandlungsgesprächen wurden wir uns einig. Er nahm mich, als erstes und einziges tätowiertes Model, in seine Kartei auf. Stefan traute meinem neuen Agenten von Anfang an nicht über den Weg. Ich tat sein Misstrauen als erneuten Eifersuchtsschub ab. Und das war auch richtig, denn Rolf war nicht nur ein hervorragender Agent, sondern wurde auch bald zu einem sehr guten Freund.

Unsere Zusammenarbeit lief sehr gut an. Ich bekam permanent Aufträge, von ihm und auch weiterhin über Facebook, und Ende 2010 war es wieder höchste Zeit für weitere Tätowierungen. Diesmal allerdings nicht bei Tommy, denn ich hatte zufällig eine Arbeit von einem neuen Tätowierer in Berlin gesehen: Adriaan, ein Mexikaner. Ich war begeistert von seinem sehr individuellen Ansatz. Die dicken Linien, die Farben. Alles wirkte irgendwie so mystisch, nicht so knallig. Da ich eh längst etwas Neues ausprobieren wollte, auch um zu vermeiden, dass mein ganzer Körper wie aus einer Hand wirkte, ließ ich mir von Adriaan eine Meerjungfrau auf den linken Oberschenkel tätowieren. Dieses Wesen, halb Mensch, halb Fisch, in der Unterwasserwelt gefangen und frei zugleich, übte schon immer eine große Faszination auf mich aus. Kurze Zeit später suchte ich Adriaan erneut auf und ließ mir in einer sechs Stunden langen Sitzung auf der Innenseite desselben Oberschenkels einen Haifisch stechen. Ich entschied mich für dieses Motiv als Symbol für die Vorurteile, die mir immer noch begegneten. Denn der Hai wird immer nur als Bestie dargestellt. Dabei ist er eines der schönsten, klügsten und anmutigsten Lebewesen. Die Tätowierung wurde genau so, wie ich sie wollte, aber die Schmerzen waren fast unerträglich und der Heilungsprozess am Bein zog sich erneut Wochen in die Länge. Es kam mir fast so vor, als würde ich mit zunehmendem Alter immer schmerzempfindlicher werden, und so verordnete ich mir für mindestens ein halbes Jahr eine Tattoo-Pause.

Anfang 2011 bekam ich eine Anfrage von einem privaten TV-Sender. Das Team wollte mit mir in Los Angeles eine Wochenserie drehen. Parallel hatte ich über Facebook eine Anfrage von Michelle Star bekommen, einer Topfotografin aus Los Angeles, deren Arbeit ich schon immer bewunderte. Sie fragte mich, ob ich Lust auf ein Covershooting für ein amerikanisches Tattoo-Magazin hätte. Das klang zu aufregend, um wahr zu sein. Aber es wurde wahr. Denn ich schlug kurzerhand den TV-Redakteuren vor, mich eine Woche lang in Los Angeles zu begleiten und so kam ich zum ersten Mal in meinem Leben in die Staaten.

Wir drehten sechs Tage lang. Es war wahnsinnig aufregend und anstrengend. Trotz Jetlag stand ich jeden Tag um sechs Uhr auf. Nach Styling und Schminken ging es dann los. Zuerst das Shooting bei Michelle Star, für das »Tattoo Society«-Magazin. Auf dem Cover sollten ich und ein anderes Tattoomodel, das ich bereits aus Deutschland kannte, in Unterwäsche abgebildet werden. Ich hatte anfangs etwas Hemmungen und große Sorge vor Stefans Reaktion, aber ich war in Amerika, bei einer begnadeten Fotografin, noch dazu mit extra für mich angefertigter Unterwäsche. Da konnte ich schlecht sagen: »Hey, Leute, das fände mein Freund bestimmt nicht so gut. Kann ich nicht besser einen Kartoffelsack tragen?« Ich warf mich also in die heiße Wäsche und verlor nach anfänglichem Schamgefühl schon bald meine Hemmungen, denn die Fotografin war begeistert von mir und machte mir viele Komplimente. Ich fühlte mich gut aufgehoben und sogar ziemlich sexy.

Danach machte ich noch einige andere Shootings in L.A., unter anderen für Tod und Giuliana von »Junker Designs«, wofür ich zwar keinen Cent bekam, aber umso mehr gelernt habe.

So ging das fast jeden Tag: früh aufstehen, stylen und los. Das Team begleitete mich zu den Hollywood Hills, dem Walk of Fame und zur »Ink&Iron« in Long Beach, einer der größten Tattoo-Conventions weltweit. Ich wurde die ganze Zeit gefilmt, wie ich mich umsehe, Leute kennenlerne und versuche, Kontakte zu knüpfen. Denn darin waren sich alle einig:

Ohne Kontakte kannst du es in den USA nicht schaffen. Niemals.

Es folgte ein weiteres Shooting für das »Rebel Ink«-Magazin und ein Treffen mit Michelle »Bombshell« Mc Gee, die seit ihrer Affäre mit Jesse James nur noch »das Tattooluder« genannt wurde. Wir verstanden uns auf Anhieb gut und verbrachten einen lustigen Tag mit Shopping in San Diego. Wir entdeckten sogar einige Tattoos auf unseren Körpern, die sich sehr ähnelten. Michelle überraschte mich positiv mit ihrer offenen und herzlichen Art, auch wenn mich ihr komplettes Stirn-Tattoo immer irgendwie irritierte. Im Gesicht würde ich sicher nichts mehr ergänzen. Meine kleinen Sterne neben dem rechten Auge mussten schon bei genug Shootings überschminkt werden.

Das Treffen mit Michelle war für mich ein absolutes Highlight meines USA-Aufenthaltes. Auch sie gab mir den Tipp, unbedingt viele Kontakte zu knüpfen, wenn ich in den USA als Model durchstarten wollte. Es wäre einfach, Jobs zu bekommen, die Schwierigkeit läge nur darin, dafür auch bezahlt zu werden.

Zugegeben, das hatte ich auch schon festgestellt. Mir wurden zwar Flug und Unterkunft von dem Fernsehsender bezahlt, aber ansonsten bekam ich kaum Gage. Solange man nicht prominent genug war, gab es nun mal keine Kohle. Das bisschen Taschengeld, das ich für Spesen zur Verfügung hatte, war schnell ausgegeben, denn Los Angeles ist teuer und das Einkaufszentrum zu verführerisch. Das wenige Geld, das mir übrig blieb, investierte ich trotz meiner mir selbst auferlegten »Nadelpause« in eine Tätowierung. Denn bei »Hollywood Star Tattoo« konnte ich nicht widerstehen und ließ mir zur Erinnerung den Schriftzug »Los Angeles« auf der Innenseite meines linken Oberarms stechen.

Von Los Angeles sah ich außer sehr vielen Studios und klimatisierten Messehallen nicht viel, aber eine Sache stellte ich mit Bedauern fest: Meine Katze fehlte mir schrecklich. Stefan leider so gut wie gar nicht. Fast kam es mir wie eine Pflichterfüllung vor, ihn abends noch anzuskypen oder auf seine vielen SMS antworten zu müssen. Ich gab es irgendwann auf, ihm von meinen Erlebnissen und Jobs zu erzählen. Ich wusste, dass er sich nicht mitfreuen konnte. Seine Eifersucht machte alles kaputt. Meine Liebe zu ihm ging mehr und mehr verloren und in dieser Hinsicht öffnete mir die Woche in Los Angeles tatsächlich die Augen: Meine Beziehung schien in den letzten Zügen zu liegen.

Als ich zurück nach Deutschland kam, war zwischen Stefan und mir nichts mehr so wie vorher. Er klammerte immer mehr und ich zog mich zurück. Auch im Bett lief bei uns nicht mehr richtig viel. Das lag vermutlich auch daran, dass ich von Anfang an in dieser Hinsicht immer den ersten Schritt machen musste. Und nun war mir irgendwie nicht mehr danach, dauernd die Initiative im Bett zu ergreifen. Ich wollte auch mal verführt werden. Ich erwischte mich sogar dabei, dass ich wieder anfing, andere Männer anzusehen, und mir vorstellte, wie es wohl wäre, mit ihnen zu schlafen.

Das, so wusste ich, war der Anfang vom Ende. Mir ging zunehmend die Kraft aus, Beziehungsarbeit zu leisten, von der ich das Gefühl hatte, sie ganz allein zu tun.

Stefan benahm sich weiterhin kindisch, reagierte trotzig und bestrafte mich hin und wieder, indem er sich einfach eine Woche lang nicht meldete. Dann saß ich zu Hause und wurde fast verrückt vor Sorge und Herzschmerz. Wenn er sich nach ein paar Tagen wieder meldete, tat er so, als wäre nichts gewesen. Diese Psycho-Spiele machten mich vor allem eins: unglaublich wütend. Er wollte nie über unsere Probleme reden und in mir fing es mehr und mehr an zu brodeln. Langsam, aber sicher, so wusste ich, war meine Liebe am Sterben.

In dieser Zeit unternahm ich wieder viel mehr mit meinen Freundinnen, die ich schändlich vernachlässigt hatte. Jasmin war in den letzten Monaten viel zu kurz gekommen. Das lag aber auch daran, dass sie sich ebenfalls neu verliebt hatte. Und nicht nur das: Jasmin war inzwischen auch komplett clean. Sie und ihr Freund planten, bald ein Baby zu bekommen. Ich war sehr stolz auf sie. Wenn ich nicht gerade mit Jasmin über Babynamen nachdachte, unternahm ich sehr viel mehr mit Sneshina. Irgendwie gab mir ihr Ehrgeiz und ihre Freude am Arbeiten Kraft für meine eigenen Ziele. Sneshina zog einen Auftrag immer einer Party vor. Und ich tat es ihr gleich.

Leider bekam ich nach wie vor nur sehr unregelmäßig Aufträge rein, verfügte immer noch nicht über große Rücklagen und zitterte jeden Monat, ob ich meine Miete bezahlen könnte. Ich bekam zwar sehr viel Presse, auch Einladungen zu Events, Partys, Premieren, hier und da ein Shooting, Musikvideos und Buchungen für Conventions. Aber das war alles immer noch zu gering bezahlt, um gut davon leben zu können. Die Aufträge, die wirklich gut bezahlt waren, blieben aus.

Irgendwann hielt ich diese Unsicherheit nicht mehr aus. Ich war zu nervös, um so weiter zu machen, und begann, mich erneut für konventionelle Jobs zu bewerben. Aber im Einzelhandel war es nach wie vor aussichtslos. Entweder war die Bezahlung zu mies, die Schichten unvereinbar mit meinen Modeljobs oder, wie meistens, meine Tätowierungen ein Problem. Ich überlegte kurz, wieder als Webcam-Girl zu arbeiten. Aber nur sehr kurz. Das hätte für mich und Stefan das endgültige Aus bedeutet. Trotzdem stellte ich fest, dass mich die Erotikbranche nach wie vor faszinierte. Vielleicht auch umso mehr, seitdem ich wusste, was mir selbst Spaß machte und was nicht. Meine Tattoos stellten in dieser Branche auch kein Problem dar, ganz im Gegenteil. Viele Männer finden das anziehend oder haben sogar einen gewissen Fetisch für Tattoos. Also überlegte ich, welche Möglichkeiten es gäbe, in der Erotikbranche Geld zu verdienen, ohne meinen Körper verkaufen zu müssen. Und tatsächlich war die Antwort bereits unterwegs zu mir. Denn dann lernte ich Melinda kennen.

Polnischer Abgang

Heute ist ein ganz normaler Sonntagnachmittag und mal wieder tote Hose im Club. Und das im wahrsten Sinne des Wortes, denn ich stehe mutterseelenallein im Laden und weiß nicht genau, ob ich über die Abwesenheit von Kundschaft gelangweilt oder froh sein soll.

Es ist einer dieser endlos langen Tage und Nächte, in denen absolut nichts passiert, in denen keine Menschenseele den Laden betritt. Dann sitze ich hinter meinem Tresen und starre auf den Fernseher. »Heimatfilme« sind dann die einzige Quelle meiner Ablenkung. Leider darf ich nicht umschalten und das anschauen, was ich gern sehen möchte. Dann wäre es nur halb so wild, hier rumzusitzen, fernzusehen, Kaffee zu trinken und dafür auch noch bezahlt zu werden. Aber das Einzige, was hier läuft und laufen darf, sind und bleiben nun mal Pornos. Den Film, der gerade läuft, habe ich bestimmt schon hundertmal gesehen. Ich fasse die »Handlung« mal eben zusammen: Ein sexy Kindermädchen, das ein bisschen wie Lolita aussieht, klingelt mit traurigen Augen an der Tür ihrer Arbeitgeber. Als ihr die Frau des Hauses öffnet, erkundigt sie sich sofort, warum Lolita denn so traurig sei. Daraufhin schüttet diese ihr umgehend ihr Herz aus. Sie hat sich von ihrem Freund getrennt. Auch, weil es im Bett einfach nicht geklappt hat. Das tut der heißesten Chefin auf der Welt natürlich sehr leid, die ihr Kindermädchen sofort einfühlsam tröstet. Erst mit aufmunternden Worten, dann einem

Kuss unter Frauen und schon bald mit ihren Händen zwischen ihren Beinen. Als die beiden bereits nackt aneinander rumlecken, nicht ohne vorher gegenseitig ihre schöne Unterwäsche begutachtet und gelobt zu haben, kommt ganz zufällig der Ehemann vorbei. Doch anstatt sich über die außereheliche sexuelle Aktivität seiner Frau zu wundern, packt er seinen riesigen Schwingel aus, den das Lolita-Kindermädchen mit großen, staunenden Augen in den Mund nimmt. Geradezu mit Hingabe leckt sie daran, als wäre es ein ganz toller, leckerer Lolli. Diese zugegeben eher einfach gestrickte Handlung zieht sich über 45 Minuten hin. Ich weiß nicht, warum, aber ich persönlich finde ja, Handlung – oder sagen wir: der Versuch einer Handlung – hat in Pornos einfach nichts zu suchen. Zum einen schaut sich ja niemand aus dramaturgischen Gründen einen Porno an. Das wäre, wie wenn man Burger mit Pommes bei der Post anbieten würde. Da will man einen Brief aufgeben und muss sich erst durch ein Chicken Menü fressen? Auf so eine Idee würde ja auch niemand kommen. Zum anderen sind die Porno-Akteure meist keine begnadeten Schauspieler, aber deswegen schaut man sich das ja auch nicht an. Nein, es geht eigentlich nur um eines: um schnelle Bedürfnisbefriedigung. Ich bin wirklich kein großer Porno-Fan. Aber von allem, was ich bisher hier gesehen habe, mag ich die Filme am liebsten, in denen es gleich von Anfang an zur Sache geht. Ohne große Burger-Umwege. Gern eine Frau mit zwei Männern, obwohl ich da selbst noch überhaupt keine Erfahrungen habe. Worauf ich beim Pornoschauen Wert lege, ist, dass die Frau natürlich aussieht und keine geschminkte Barbie mit gemachten Brüsten ist. Das Gleiche gilt auch für die Männer, einfach natürlich und nicht allzu sehr trainiert. Daher finde ich die »Amateur-Videos« noch am Ansprechendsten. Da versuchen die Akteure wenigstens erst gar nicht, jemand anderes zu sein. Was bei mir gar nicht geht, sind Fetisch- und SM-Pornos. Dem kann ich einfach nichts abgewinnen. Außerdem abturnend finde ich Glatze und Tribal-Tattoos auf den Oberarmen bei Männern. Allerdings nicht nur in Pornos, sondern auch im normalen Leben.

Als Lolita immer noch am Blasen ist, klingelt es tatsächlich doch noch an meiner Tür. Ich hoffe, es ist kein Kindermädchen, das getröstet werden will. Obwohl?

Nein, mein Gast ist noch etwas bizarrer. Als ich durch den Türspalt blicke, entdecke ich einen Mann, der – ungelogen – im Bademantel vor der Tür steht. Und das Ende Oktober. Ich öffne ihm und er bezahlt sechzig Euro Eintritt, ohne zu fragen, ob noch oder schon jemand hier sei. Auch das ist äußerst ungewöhnlich.

»Du hättest dich auch hier umziehen können«, sage ich mit Blick auf seinen Frottee-Bademantel, als er sich an die Bar setzt.

»Wusste ich nicht«, sagte er kurz angebunden und fragt dann: »Sind schon Weiber da?«

Also doch. Ich sehe mich kurz suchend im Raum um, beuge mich etwas über die Tresen und luge Richtung Bumszimmer, in das man auch von seinem Platz an der Bar aus sehr gut

Einsicht hat. Dann sehe ich sicherheitshalber noch unter meinem Tresen und auch im Kühlschrank nach.

»Nein. Sieht nicht so aus«, sage ich und kann mir ein Grinsen nicht verkneifen. Mein einziger Gast findet meine gespielte Weiber-Suchaktion offensichtlich nicht besonders komisch. Er verzieht keine Miene, stiert weiter vor sich hin und wartet ab. Auf was, weiß ich nicht, aber ich vermute auf weibliche Kundschaft.

Auf meine Frage, ob er etwas trinken möchte, schüttelt er zuerst den Kopf. Eine Stunde später bestellt er dann aber doch, und zwar einen »Orgasmus« nach dem anderen. Das war wieder so eine kreativ-raffinierte Namensschöpfung von unserem Chef, diesem Marketing-Genie. Bei diesem Getränk handelt sich um einen süßen Mix aus Baileys und Sambucca, der vermutlich nicht nur mich an Ejakulat denken lassen soll.

Da sitzen wir also. Er an der Bar, ich dahinter. Ich wage es nun nicht mehr, auf den Fernseher zu schauen, da mein einziger Gast nun offensichtlich mit großem Interesse dem Kindermädchen-Porno folgt, der heute in Dauerschleife läuft. Kein besonders kreativer Zug meines Chefs, wie ich an dieser Stelle feststellen muss. Ich widme mich also meinem Handy und einer Zeitschrift, bis er plötzlich losschnaubt: »Sag mal, kommt hier heute noch jemand?«

»Du, das weiß ich nicht«, sage ich. »Manchmal ist es voll, manchmal leer. Dafür gibt es im Swingerclub leider keine Garantie. Ist ja kein Puff hier«, sage ich und schenke ihm ein ermutigendes Lächeln.

»Puff«, wiederholt er und vertieft sich nun auch in sein Smartphone. Ich bin mir ziemlich sicher, dass er nach genau so einem Etablissement googelt. Doch dann reicht er mir irgendwann sein Handy und sagt: »Kannst du mir eine bestellen?« Auf dem Display erscheint eine Seite mit Escortdamen, die laut Anzeigentext ganz heiß darauf sind, angerufen und anschließend gebumst zu werden.

»Hierher?«, frage ich.

»Ja. Oder spricht da was dagegen?«

»Du musst sie bezahlen. Das weißt du, oder?«

»Ich bin geil. Nicht blöd.«

So gesehen spricht tatsächlich nichts dagegen. Doch ich reiche ihm das Handy zurück und sage: »Aber bestellen kannst du schön selbst. Ich bin hier die Bardame, nicht die Puffmutter.«

»Nein«, sagt er. »Such du eine aus.«

»Warum?«

»Weil es mir egal ist.«

»Mir auch. Du musst doch wissen, was du möchtest. Schau mal, da steht bei jeder, was sie am besten kann.«

»Ich kann nicht lesen, okay? Bestellst du mir jetzt endlich eine Nutte?«

Mann oh Mann, jetzt wird er fast so ungehalten wie Jasmin beim Pizzabestellen.

»Mit oder ohne Zwiebeln?«, frage ich. Allerdings bin ich die Einzige, die das lustig findet. Also fasse ich mir ein Herz für Analphabeten und bestelle eine junge Frau, die nicht zu obszön, sexy und irgendwie ganz freundlich aussieht.

Erst als die Dame eintrifft, habe ich das dumpfe Gefühl, dass die Ausrede mit »Ich kann nicht lesen« frei erfunden war. Denn nun fordert er mich auf, ihnen zuzusehen oder, wenn ich möchte, gern mitzumachen. Vermutlich hat er sich das von dem Lolita-Dreier-Porno abgeguckt.

»Nein, danke«, sage ich und kann mir ein: »Ich lese lieber« nicht verkneifen. Dann beschäftige ich mich wieder mit meiner Zeitschrift. Er und die Prostituierte, die etwas gelangweilt aussieht, verschwinden prompt in einem unserer Bumszimmer.

Doch noch bevor ich meinen Artikel zu Ende gelesen habe, steht er schon wieder im Bademantel vor mir und verlangt, rausgelassen zu werden. Sofort. Als er wehenden Mantels unseren Club verlässt, muss ich mich doch sehr über seinen rasanten Abgang wundern. Vielleicht kann mir die Escort-Dame diese Aktion erklären? Doch im Bumszimmer angekommen finde ich sie etwas verloren auf der Matratze vor, Löcher in die Luft starrend.

»Alles okay bei dir?«, frage ich vorsichtig nach.

»Ja. Logo. Ich warte nur auf den Freier. Der wollte sich noch duschen. Aber wahrscheinlich ist er kacken.«

»Äh ne. Der ist gerade gegangen«, sage ich.

»Oh. Da hat er wohl den Schwanz eingezogen«, sagt die Frau und grinst.

»Hat er dich bezahlt?«

»Klar, Süße. Ich bin doch nicht von gestern.«

»Okay. Und jetzt?«

»Jetzt? Jetzt setz ich mich zu dir an die Bar, du machst mir einen schönen Drink und wir quatschen ein bisschen. Oder spricht da was dagegen?«

»Nicht wirklich!«, sage ich und muss lachen. »Das klingt super. Wie wäre es mit einem Orgasmus?«

Ich muss schon sagen: Mit meiner ersten und hoffentlich letzten Nutten-Bestellung habe ich es wirklich erstklassig getroffen.

11.
ZWISCHEN LAUFSTEG
UND SWINGERCLUB

Neue Tattoos: Eiffelturm auf dem rechten Arm,
samt Initialen »JPG« und Datum »11.10.2011«

Melinda lernte ich im Internet kennen. Sie schrieb mich auf Facebook an, weil sie von meinen Tätowierungen begeistert und ähnlich stark tätowiert war wie ich. Ich bekam zwar nicht zum ersten Mal eine solche Zuschrift auf meiner »Lexy-Hell-Fanpage«, aber die von Melinda war irgendwie besonders. Sie schrieb sehr offen und so lustig über sich und ihr Leben in Hamburg als Prostituierte auf dem Straßenstrich, dass ich ihr gleich antwortete. Wir schrieben uns von da an ab und zu kleine Nachrichten, ohne uns je gesehen zu haben. Melinda stellte mir viele Fragen zu Berlin, denn sie überlegte schon seit Längerem, ob sie nicht auch in dieser Stadt ihr Glück versuchen sollte. Ich versuchte, so ehrlich wie möglich zu antworten und auch die Schattenseiten Berlins nicht unter den Tisch fallen zu lassen. Seltsamerweise vertraute ich dieser völlig fremden Frau sogar an, dass ich mich aus finanziellen Gründen auch schon mal in der Erotikbranche als Webcam-Girl versucht hatte. Aber für eine Prostituierte, die sich mit ihren 42 Jahren nun schon seit über zwanzig Jahren im Geschäft befand, war Webcam-Sex der reinste Kindergeburtstag.

Sie meinte nur: »Webcam-Girl ist doch total entspannt. Da hat man es wenigstens schön warm und muss hinterher kein Sperma wegwischen.« Wo sie recht hat, hat sie recht.

Tatsächlich zog Melinda im April 2011 dann wirklich nach Berlin, in der Hoffnung, durch diesen Neustart aus dem Strich-Milieu aussteigen zu können. Sie schrieb mir, sie wollte »gern seriös werden und an ihre Altersvorsorge denken«. Schließlich könnte sie als Großmutter nicht mehr als Bordsteinschwalbe arbeiten.

Wir verabredeten uns schon bald auf einen Kaffee, um uns endlich mal persönlich kennenzulernen. Ich hätte Melinda von ihrem eher unscheinbaren Profilbild her niemals erkannt. Sie war groß, schlank, blond, tätowiert und hatte XXL-Silikonbrüste, die man auf Facebook so nicht sah. Ob diese im Einzelhandel wohl auch ein Problem darstellen würden?

Melinda und ich quatschten über Berlin, Männer und Arbeit – eben das Übliche unter Frauen. Und tatsächlich hatte Melinda auch schon einen Job in Berlin gefunden: als Barfrau in einem Swingerclub. Swingerclub? Melinda musste mir das ein bisschen genauer erklären. Ich habe schon öfter mal davon gehört, aber noch nie so einen Club von innen gesehen. Melinda klärte mich also auf, wie so ein Club funktionierte. Dass er eben nicht nur für Pärchen geeignet war und auch niemand zu etwas gezwungen wurde. Man könnte sich dort auch aufhalten, ohne Sex zu haben. Allerdings kamen deswegen die wenigsten Leute. Melinda war supereuphorisch, nun ein festes Gehalt zu bekommen, ohne dafür die

Beine spreizen zu müssen, und auch bezahlt zu werden, selbst wenn es keine Kundschaft gab. Ich freute mich für sie und beglückwünschte sie zum Ausstieg aus der Prostitution und ihrem mutigen Neuanfang. Natürlich erzählte ich Melinda auch von mir. Von meinem eifersüchtigen Freund und meinen finanziellen Sorgen, aber für Letzteres hatte sie schon eine Lösung parat. Denn in dem Club würden sie noch weiteres Barpersonal suchen.

»Im Swingerclub?«, fragte ich ungläubig nach.

»Nee, bei der deutschen Bank!«, sagte Melinda und lachte ihr dreckiges, aber sympathisches Lachen. »Natürlich im Swingerclub. Wovon rede ich denn hier die ganze Zeit?«

»Bist du wahnsinnig? Wovon rede ich denn hier die ganze Zeit? Mein Freund würde ausflippen vor Eifersucht!«

»Aber wieso denn? Du stehst doch nur hinter dem Tresen. Das ist ein ganz normaler Bar-Job. Außerdem ist das deine Entscheidung. Oder ist die Frauenbewegung der Siebziger an euch in Österreich vorbeigegangen?«

Melinda konnte wirklich sehr überzeugend sein. Aus Mangel an Alternativen und meiner immer noch anhaltenden Neugierde im Bereich Erotik stand ich daher ein paar Tage später zum Vorstellungsgespräch an meinem zukünftigen Arbeitsplatz. Ich war überrascht, wie sauber und gepflegt alles aussah. Im Barbereich gab es gemütliche Sitzgelegenheiten und einen Fernseher in der Ecke auf dem 24 Stunden am Tag Pornos liefen. Tierdokumentationen wären ja auch eher seltsam gewesen.

Von der Bar aus hatte man die komplette Übersicht über die Räumlichkeit mit Sitzgelegenheiten. Zu den verschiedenen »Bumszimmern« sowie zum Wellness-Bereich inklusive Sauna und Whirlpool musste man um die Ecke gehen, um reinsehen zu können. Eigentlich machte das alles einen ganz »netten« Eindruck auf mich und der Chef schien mir auf den ersten Blick auch sehr sympathisch zu sein. Also stimmte ich zu, einen Tag auf Probe zu arbeiten.

Doch vorher wollte ich mit Stefan darüber reden. Denn ich finde in einer Beziehung muss man so etwas ehrlich besprechen dürfen. Ich erklärte Stefan also, dass das für mich ein ganz normaler Job wäre, auch wenn es sich um einen Swingerclub handelte, doch der Vorteil dabei wäre, dass in einem solchem Etablissement Anonymität an der Tagesordnung stand. Für meine Modelkarriere wäre es bestimmt besser, wenn ich nicht beim Regale-Einräumen im Drogeriemarkt gesehen werden würde. Abgesehen davon, dass sie mich dort eh nicht nehmen würden, die Spießer. An meinem neuen Arbeitsplatz stellten meine Tattoos hingegen kein Problem dar. Und falls mich jemand erkennen sollte, würde er das bestimmt für sich behalten. Denn wer verrät schon gern selbst, im Swingerclub unterwegs zu sein. Noch dazu hätte ich hier den klaren Vorteil, meine Schichten relativ flexibel einzuteilen. Und das war extrem wichtig, falls ich ein spontanes Booking reinkriegen würde.

Überraschenderweise flippte Stefan nicht aus. Er sagte, dass es natürlich meine Entscheidung wäre, wie ich mein tägliches Brot verdienen möchte. Er würde mich immer unterstützen, aber den Club niemals von innen sehen wollen, sonst würde seine Phantasie mit ihm durchgehen und er vermutlich vor Eifersucht platzen.

Der Probetag lief sehr gut. Eigentlich war nichts los und ich hatte Spaß mit Melinda, die mich einarbeiten durfte. Ich würde acht Euro fünfzig die Stunde verdienen und Provision bekommen, falls ich Champagner verkaufte. Im Vergleich zum Einzelhandel war das ein ganz passables Gehalt. Das Wochenende darauf trat ich dann auch schon zu meiner ersten Schicht an. Ich bekam anfangs die Zwischenschicht, damit immer eine weitere Kollegin da war, die mir alles erklären und zeigen konnte. Es war ein Job, nicht mein Traumjob, aber immerhin wieder ein festes Einkommen. Ich konnte ein wenig aufatmen. Meinen Eltern sagte ich auch davon natürlich nichts.

Die Wochen und Monate verstrichen, ohne dass sich die Beziehung zwischen Stefan und mir großartig änderte oder besserte. Durch meine neue Stelle und das parallele Modeln hatte ich kaum noch Zeit mir über »uns« Gedanken zu machen oder gar eine Entscheidung zu treffen. Vielleicht war ich auch einfach zu bequem und mir fehlte der Mut, wieder allein zu sein. Ich liebte meinen Freund, aber nicht mehr so, wie es einmal gewesen war.

Eines Tages Mitte September 2011 wollte ich gerade los zur Nachtschicht, die um Mitternacht begann. Stefan war nach nur wenigen Monaten gar nicht mehr so unterstützend, wie er angekündigt hatte, und lag mal wieder schmollend auf der Couch. Es störte ihn nun doch, dass ich arbeiten ging, anstatt mit ihm die Nacht zu verbringen. Ich konnte das verstehen, denn ich hätte mir auch Schöneres vorstellen können, aber das schien ihn gar nicht zu interessieren. Anstatt wie sonst besänftigend auf ihn einzureden, ignorierte ich ihn an diesem Abend. Ich ging nur noch mal kurz online, um meine Nachrichten und Mails zu checken, bevor ich losmusste. Und tatsächlich war da eine Nachricht auf Facebook von einer Frau aus Paris. Sie fragte, ob ich Lust hätte, in zwei Wochen für Jean Paul Gaultier in Paris zu laufen.

Ich und Gaultier in einem Satz? Ich war mir sicher, dass das ein Scherz oder Spam sein müsste, doch auf ihrem Profil entdeckte ich, dass sie mit meinem Agenten befreundet war. Ich las Stefan ganz aufgeregt die Nachricht vor. Er hob nur kurz eine Augenbraue und meinte: »Das muss Spam sein. Gaultier würde wohl kaum über Facebook seine Models anfragen.« Vermutlich hatte er recht.

Dennoch rief ich auf dem Weg zur Arbeit trotz später Stunde meinen Agenten an. Und tatsächlich kannte er die Frau. Er meinte, sie wäre Model-Scout in Paris und würde nur mit den ganz Großen zusammenarbeiten. Das machte mir Hoffnung, aber so recht glauben konnte ich es trotzdem nicht. Mein Agent sagte, ich sollte unbedingt zurückschreiben und mein Interesse kundtun.

Kurz darauf folgten ein Modelvertrag sowie ein Flugticket nach Paris. Doch selbst als ich nach einer anstrengenden

Frühschicht endlich abgestresst im Flieger saß, hatte ich immer noch meine Zweifel. Ich konnte es einfach nicht glauben. Jean Paul Gaultier war seit jeher eines meiner größten Idole unter den Modeschöpfern. Und in nur wenigen Stunden sollte ich ihn treffen und für ihn über den Laufsteg gehen? Als ich mich gerade mit starken Selbstzweifeln plagte, bekam ich eine SMS von Sneshina: »Du wirst Paris rocken, Süße! Zeig's den Franzacken!« Ich musste lachen und hoffte, sie hätte recht. Denn ich hatte wirklich große Angst, zu versagen, mich mitten auf dem Laufsteg auf die Fresse zu legen oder zu dick zu sein, um überhaupt in das Kleid zu passen. Ich wusste nicht, ob ich schon so weit war, für Gaultier zu laufen. Bis auf die Fashion Week Berlin hatte ich bisher kaum Catwalks gemacht. Ich hatte zu Hause ein bisschen autodidaktisch geübt, aber ohne Coach machte das nicht wirklich Sinn. Ich wusste nicht, ob ich den Erwartungen von Gaultier und ganz Paris gerecht werden könnte. Bevor wir abhoben, schrieb ich daher noch schnell eine SMS an Stefan, in der Hoffnung aufmunternde Worte von meinem Freund zu bekommen.

»Süßer, ich werde dich vermissen. Pass gut auf dich und die Katze auf. Drück mir die Daumen!« Leider kam nichts zurück. Wie sollte ich nur an mich selbst glauben, wenn es der momentan wichtigste Mensch in meinem Leben anscheinend nicht tat? Ich las Sneshinas SMS an diesem Tag mehrere Male und war heilfroh, eine so tolle Freundin zu haben.

Am Flughafen in Paris wurde ich von einem eigenen Fahrer abgeholt, der mit einem großen »Lexy Hell«-Schild auf mich wartete. Da begriff ich langsam, dass es nun wirklich passieren würde. Ich war stolz und aufgeregt zugleich. Eine Stunde später stand ich in der riesigen Halle eines Modehauses und wartete auf ihn! Auf den Meister höchstpersönlich. Auf Jean Paul Gaultier.

Ich wurde von einem Mann in Empfang genommen, der sich als sein Assistent vorstellte. Wir fuhren zusammen mit dem Aufzug in den achten Stock, liefen vorbei an diversen Nähzimmern, in denen ich kurze Blicke auf herrliche Kleider und Kostüme erhaschen konnte, die gerade fertiggestellt wurden. Wahnsinn! Im letzten Zimmer angekommen, fand ich mich vor einer riesigen Fensterfront mit Blick auf die Dächer von Paris wieder. Ich hätte weinen können, so schön war dieser Anblick. Als ich mich umdrehte, stand er vor mir. Er lächelte freundlich, begrüßte mich mit Handschlag und betonte, wie sehr er sich freute, dass ich so spontan gekommen wäre. Da erst entdeckte ich die Wand hinter ihm, die übersät war mit Fotos. Fotos von mir. Ich war total sprachlos.

Gaultier zeigte mir sofort die zwei Outfits, die er für mich angedacht hatte. Die Kollektion, für die ich gebucht wurde, trug das Thema »Tattoo«.

»Das passt ganz gut!«, sagte ich und wir lachten. Einige Kleidungsstücke hatten Prints mit Tattoo-Motiven, die Gaultier zusammen mit seinem Pariser Tätowierer entworfen hatte. Denn auch Jean Paul war tätowiert und zeigte mir ohne

Aufforderung seine kleine Tätowierung am Oberarm. Zuerst probierte ich ein Kleid mit Blumenmuster an. Als ich aus der Umkleide kam, mussten wir beide lachen, denn es stand mir überhaupt nicht. Dann gab er mir einen weißen, ausgestellten Rock und dazu ein passendes Oberteil. Es war kurz, ärmellos und sehr schick. Meine Tätowierungen an Bauch, Waden, den kompletten Armen und Hals waren somit immer noch sichtbar. Als ich mich vor dem Spiegel darin sah, atmete ich auf. Denn es saß und stand mir wirklich hervorragend. Gott sei Dank sah das der Modeschöpfer genauso. Mein zweites Outfit bestand nur aus einem korallenfarbigen Büstenhalter samt Slip, zusammen mit einem cremefarbenen Morgenmantel.

Ich fragte: »Und wo ist der Rest?«, woraufhin Monsieur in Lachen ausbrach. Es gäbe nicht mehr, wurde ich informiert. Ich zog das Wenige, was mir gereicht wurde, an und musste eingestehen, dass es wirklich toll aussah. Trotzdem fühlte ich mich ein wenig unwohl, weil ich eben einfach keine Modelmaße hatte. Aber Jean Paul sah das anders. Er meinte, es wäre perfekt.

In den nächsten dreißig Minuten plauderten wir, als wären wir alte Freunde, während ich nebenbei Schuhe, Schmuck und andere Accessoires für mein erstes Outfit gezeigt bekam und anprobierte. Wir entschieden uns für goldene Schnür-Pumps zu dem weißen Rock samt Oberteil, außerdem für große, weiße Hängeohrringe mit passender Kette und für eine weiße, eckige Brille, die mich sehr intellektuell wirken ließ.

Dann verabschiedeten wir uns und ich sollte von meinem Fahrer in mein Hotel gebracht werden. Da es aber gleich um die Ecke lag, wollte ich lieber zu Fuß gehen und in einem Pariser Café noch einen überteuerten, aber sehr leckeren *Cafe au lait* bestellen. Ich fand, wenn ich schon mal da war, müsste ich auch ein bisschen das französische Savoir-vivre genießen. Mein kleines, aber feines Drei-Sterne-Hotel war alles, was ich an diesem Abend noch brauchte. Als ich mir dort eine heiße Badewanne vor dem Schlafengehen einlaufen ließ, realisierte ich langsam, dass es wirklich passieren würde. Nur glauben konnte ich es immer noch nicht so recht. Von Stefan hatte ich noch keine Nachricht. Also entschied ich mich, mit Sneshina zu skypen, um noch etwas Mut zu tanken. Und wie immer war auch an diesem Abend auf sie Verlass.

Am nächsten Tag, dem 11. Oktober 2011, erschien ich pünktlich um 14 Uhr erholt und ausgeschlafen vor Ort. Sofort ging es mit Haar- und Make-up-Styling, Maniküre und Pediküre los. Ab und an kam Monsieur Gaultier rein, sagte guten Tag, und fragte uns, seine Models, ob soweit alles okay wäre. Ich glaube, ich war die Einzige, die immer »alles bestens« sagte. Die anderen Models fanden immer etwas, worüber sie sich beschweren konnten. Von zu hohen Schuhen, bis hin zu ungesundem Catering. Mir wiederum schenkten sie kaum Beachtung. Nur ab und an bekam ich einen ungläubigen Blick zugeworfen, im Sinne von: »Wer hat denn die dicke, tätowierte Oma hier reingelassen?«

Ja, mit inzwischen 24 Jahren, einer Größe von 173 Zentimetern und 65 Kilo, die ich derzeit auf die Waage brachte, war ich die Älteste, die Kleinste und die Dickste. Auch wenn ich die 16-jährigen Hungerhaken um mich herum nicht wirklich attraktiv fand, fühlte ich mich nicht so recht wohl, sondern vor allem dick. Kein Wunder! Mein Arm war so dick wie deren Oberschenkel. Wenn die Gestänge nicht gerade dabei waren, mich ungläubig anzustarren, waren sie meistens mit ihrem Handy beschäftigt. Ich tat auch mal so, als wäre ich mit meinem Handy zugange, aber natürlich hatte mir mein Freund auch heute keine aufmunternden Worte vor meinem großen Auftritt geschickt. Nichts! Die Wut, die ich in diesen Tagen auf Stefan hatte, lenkte mich zum Glück etwas von meiner Nervosität ab.

Um 18 Uhr, eine Stunde vor Beginn der Show, ging der Trubel so richtig los. Die Presse kam backstage, machte Fotos und Interviews. Überraschenderweise stürzten sie sich alle auf mich, sehr zum Missfallen meiner Kolleginnen. Ich erzählte ein bisschen, wer ich war und wie es dazu gekommen war, dass ich heute hier war. Langsam fing ich an, mich wohlzufühlen. Dann gab es Champagner für alle, um locker zu werden. Ich lehnte schweren Herzens ab, um nicht doch noch auf die Schnauze zu fallen in diesen zehn Zentimeter hohen Pumps.

Punkt 19 Uhr ging es los. Saallichter aus. Scheinwerfer an. Musik an. Leider habe ich zwei Minuten vor Beginn noch mitgehört, wer alles in der ersten Reihe saß: Mickey Rourke,

Kylie Minogue, Ciara und die vereinte Chef-Riege der »Vogue« und »Elle«. Als ich raus musste, dachte ich anfangs vor Aufregung bestimmt gleich tot umzufallen. Ich fürchtete wirklich, einen Herzinfarkt zu bekommen. Aber irgendwie machte mein Körper nicht das, was in meinem Gehirn vor sich ging, sondern funktionierte einwandfrei. Besser als je zuvor. Er setzte ein Bein vor das andere und lief in bester Mannequin-Manier über den Laufsteg. Dann stehen, schauen, wenden, wieder schauen, zurück und noch mal. Anschließend schnell zurück, hoch in den Backstage-Bereich. Schnell ausziehen, neu anziehen, Treppen runter und zurück auf den Catwalk. Ich habe es in der kurzen Zeit nicht ganz geschafft, heißt, ich trug denselben Schmuck und der Mantel war nicht perfekt gebunden, aber andere Models schafften es oft gar nicht und gingen noch mal im gleichen Outfit raus wie zuvor. Danach heulten sie. Die Zeit war einfach zu knapp.

Bei meinem zweiten Lauf fühlte ich mich schon sehr viel sicherer. Gerade als es anfing, mir so richtig Spaß zu machen, war es leider auch schon wieder vorbei. Nach der Show waren alle total aufgedreht und noch vollgepumpt mit körpereigenen Endorphinen, der besten Droge auf der Welt. Ich wurde sogar von einigen Models umarmt. Auch wenn ich immer ein bisschen Sorge hatte, sie zu zerbrechen, fühlte sich das ganz toll an. Ich, die bunte, dicke Oma, hatte mich bewiesen und gehörte nun doch dazu.

Dann gab es leckeres Essen und aufgrund meiner schlanken Mitstreiterinnen hatte ich das Buffet fast für mich allein.

Ich gönnte mir jetzt auch ein paar Gläschen Champagner und nutzte die Chance, mich noch mal bei Gaultier für dieses Erlebnis persönlich zu bedanken. Er meinte, es wäre ihm eine Ehre gewesen. Dann unterhielten wir uns noch ein bisschen über Tattoos und Berlin, während wir Shrimps-Häppchen, äh, ich meine *Horsd'œuvre,* verdrückten.

Als ich am nächsten Tag in meinem traumhaften Hotelzimmer sehr glücklich aufwachte und noch fast einen ganzen Tag Zeit in Paris hatte, bevor es zurückging, wusste ich sofort, was zu tun war: erst mal mein Handy ausmachen, um nicht länger auf Nachrichten zu warten, die eh nicht kamen. Und dann: los zu Gaultiers Tätowierer, der mir tags zuvor backstage seine Karte gegeben hatte und mich einlud, spontan vorbeizukommen.

An diesem Tag ließ ich mir von ihm einen Eiffelturm auf den rechten Unterarm stechen, zusammen mit den Initialen von Gaultier und dem gestrigen Datum. Ich liebte dieses kleine Paris-Souvenir. Und natürlich schossen wir ein Foto davon, für Jean Paul.

Als ich glücklich, stolz und für die kurze Zeit um sehr viel Erfahrung reicher wieder in Berlin landete, schaltete ich mein Handy wieder ein. Meine Eltern schrieben, dass sie sehr stolz auf mich wären. Sneshina fragte, ob ich als international gefeiertes Model trotzdem noch mit ihr Champagner trinken gehen würde, um das Ganze zu feiern. Und Stefan schrieb: »Und?«

Damit war eine Entscheidung, die längst überfällig war, getroffen: Ich musste mit Stefan Schluss machen.

Leck schneller,
meine Muschi brennt!

Heute sind eine Frau und sieben Männer hier. Für einen Freitagabend ohne spezielles Motto ist das gar kein schlechter Schnitt. Denn die Frau ist keine Prostituierte, sondern aus freien Stücken hier: Ivona, Ende dreißig, kommt aus Serbien. Sie hat eine Bombenfigur und ist sehr gesprächig, wie ich schnell feststelle. Eigentlich quatscht Ivona die ganze Zeit, während ich versuche, sieben sehr durstige Männer mit Getränken zu versorgen.

Die Männer werfen verstohlene Blicke auf Ivona und schleichen ständig um sie herum, wie die Geier um die Beute. Aber keiner schnappt zu. Entweder weil sich einfach niemand traut, die Dame anzusprechen, oder weil sich keine Möglichkeit dazu ergibt. Denn Ivona legt selbst nie Redepausen ein. Als mir bereits die Ohren zu bluten drohen, beschließe ich, dass ich etwas unternehmen muss, um die Gruppendynamik ins Rollen zu bringen und mir nicht noch mehr Geschichten aus Ivonas Leben anhören zu müssen. Also hole ich eine Tequila-Flasche hervor und schenke eine Runde aus.

»Zum locker werden«, sage ich und stelle jedem einen Shot hin. Die Runde kippt auf ex.

»Ihr habt überhaupt nicht mit der Dame angestoßen«, beschwere ich mich und schenke eine zweite Runde aus. »Ein bisschen mehr Gruppendynamik, wenn ich bitten darf!«

Jetzt stoßen sie alle miteinander an und Ivona damit insgesamt siebenmal.

»Prost, die Herren!«, ruft sie und kippt ihren Tequila.

Anschließend schweigen die Männer weiter, nicht ohne auch weiterhin Ivona anzustarren. Eigentlich eher ihre Brüste. Denn Ivona trägt nur einen schwarzen Spitzen-BH zu einem kurzen Lederrock. Ich würde fast schwören, dass sie da nichts drunter trägt.

Also habe ich eine super Idee: »Jetzt machen wir das Ganze noch mal. Aber diesmal mit Bodyshots!« Doch nun starren mich acht Augenpaare verständnislos an.

»Bodyshots? Was solln das sein?«, fragt Ivona, nicht ohne schon ein bisschen zu lallen.

Also kläre ich die ahnungslose Runde auf: »Das ist Tequila trinken auf die etwas andere Art. Ihr macht Zitrone und Salz auf ein beliebiges Körperteil des anderen, zum Beispiel auf Hals, Brust, Dekolleté oder je nachdem, wo ihr euch traut. Denn von dort leckt ihr Zitrone und Salz ab, bevor ihr trinkt. Alles klar?«

Meine Schüler nicken eifrig, als Ivona bereits zur Sache geht. Sie verteilt Zitrone samt Salz auf der Brust eines jungen Mannes, dem attraktivsten aus der Runde. Ivona hat Geschmack, das muss man ihr lassen. Dann leckt sie lasziv, trinkt und beißt in die Zitrone. Alle beginnen zu johlen und allmählich trauen sich die Männer auch, auf Ivonas Körper Zitrone und Salz zu verteilen. Und tatsächlich, es funktioniert. Mit jedem Shot werden alle zusehends lockerer. Während sich die Flasche leert, tasten sich die Männer langsam vor, von Hals, über Arm, zu Dekolleté bis zu den Oberschenkeln. Ivona trinkt einfach weiter und ist schon bald so betrunken, dass sie jegliche Hemmungen verliert. Kurzerhand räumt sie den Tresen leer und reißt sich BH und Rock vom Leib. Wusste ich es doch: kein Höschen unter dem Rock. Ivona setzt sich splitternackt auf die Bar, macht die Beine breit und quetscht eine Zitrone auf ihrer Muschi aus. Anschließend streut sie todesmutig Salz darüber. Einer der Männer nimmt kurzerhand die Tequilaflasche und schüttet ihr den restlichen Inhalt von oben über den gesamten Körper. Ein anderer nimmt genüsslich zwischen ihren Beinen Platz und leckt schon mal ihre Muschi. Da diese anscheinend für den Abend frisch rasiert wurde, brennt der Alkohol höllisch. Ivona schreit immer zu nur: »Leck schneller, meine Muschi brennt!«

Was habe ich da nur angerichtet?, frage ich mich in diesem Moment. Andererseits ist es auch witzig zu sehen, wie der Typ zwischen ihrer Muschi rumleckt und an ihren Beinen schlabbert, um auch noch ein bisschen Tequila abzubekommen.

Von nun an amüsieren sich die acht auch ohne mein Zutun und verziehen sich schon bald außerhalb meines Sichtbereiches in das Gangbang-Zimmer. Vielleicht könnte ich von meinem Chef dafür Provision verlangen? Für den ersten echten Gangbang, der hier jemals stattgefunden hat.

12.
ERWACHSEN WERDEN ÜBER NACHT

Neue Tattoos: Outlines zu einer Geisha mit Sushi und Lotusblüten auf dem Bauch

Das mit dem Schlussmachen war schwieriger als gedacht und zog sich vor allem ziemlich in die Länge. Und das, obwohl Stefan es mir zumindest anfangs wirklich sehr einfach machte. Denn erwartungsgemäß holte er mich nach meinem Parisaufenthalt nicht vom Flughafen ab. Ich fuhr also mit dem Taxi zu meiner Wohnung nach Pankow und machte mir einen schönen Abend mit meiner Katze Maya. Das war zumindest mein Plan. Doch schon wenige Stunden später klingelte es Sturm und Stefan stand vor der Tür.

»Warum hast du nicht angerufen?«, fragte er sofort, als ich die Tür öffnete.

»Danke, gut. Und dir?«, überging ich seine vorwurfsvolle Begrüßung.

»Also?«, fragte Stefan.

»Du hast dich doch nicht mehr bei mir gemeldet. Und auf eine SMS, die nur ›Und?‹ enthält reagiere ich nicht. Ich bin es leid, dir hinterherzulaufen.«

»Hältst du dich jetzt für was Besseres? Jetzt, wo du in Paris warst?«

»Du spinnst doch!«, sagte ich. Sofort drängte sich Stefan an mir vorbei und setzte sich im Wohnzimmer auf die Couch. Auch wenn mir wirklich nicht danach zumute war, wusste ich, dass es nun so weit war. Ich musste ihm sagen, dass ich unsere Beziehung beenden wollte.

»Stefan, hör mal. Das geht so nicht mehr«, fing ich zögerlich an.

»Was geht so nicht mehr, Fräulein Hell?«

»Das mit uns.«

Stefan sah mich mit großen Augen an und fragte: »Machst du gerade mit mir Schluss?«

Ich nickte und prompt kullerte eine erste Träne über meine Wange.

»Ich sehe keine andere Lösung mehr. Du hast mich in Paris so im Stich gelassen, dich kein einziges Mal bei mir gemeldet, auf keine Nachricht geantwortet und ich hätte dringend ein bisschen Unterstützung gebraucht. Du bist der Mensch, der in letzter Zeit am wenigsten für mich da ist. Und du bist doch mein Freund. Das fühlt sich alles nicht mehr richtig an.«

»Wer ist es? Irgend so ein Franzose?«

Es war kaum zu fassen. Aber Stefan dachte tatsächlich, ich hätte einen Anderen.

»Das ist das Allerschlimmste, deine verdammte Eifersucht!«, sagte ich. »Damit hast du alles kaputt gemacht. Es tut mir leid, aber ich will das nicht mehr.«

Stefan stand wortlos auf, warf mir einen tödlichen Blick zu und sagte: »Schlampe!« Dann verließ er mit einem Türknallen meine Wohnung und ich fing so richtig an zu heulen. Einerseits war ich froh, dass er weg war, aber neben der Erleichterung, dass es nun endlich raus und entschieden war, tat es auch so verdammt weh. Irgendwo tief in meinem Innersten hatte ich wohl doch noch ein bisschen gehofft, dass wir eine Lösung finden könnten. Maya schmiegte sich schnurrend um meine Beine, doch die Tröstversuche meiner Katze ließen mich nur in noch größeres Schluchzen ausbrechen. Der einzige Gedanke, der mich ein wenig trösten konnte, war, dass es noch schlimmer wäre, wenn es nach über zwei Jahren Beziehung überhaupt nicht wehtäte.

Die nächsten Tage und Wochen waren schwierig. Meine Trennung lag mir in den Knochen, aber zugleich stand ich gerade am Höhepunkt meiner bisherigen Karriere. Ich bekam unendlich viele Anfragen für Interviews, Veranstaltungen und Shootings, unter anderem mein erstes Editorial Shooting für das Hype-Magazin. Dabei entstanden die bis zu diesem Zeitpunkt schönsten Fotos, die je von mir geschossen wurden. Es war ein richtiges Fashion-Shooting. Ich durfte Schmuck von Cartier, Tiffany und Co tragen, Oberteile von Hermes, Sachen, die unbezahlbar waren. Zumindest für mich. Aber ich fühlte mich mehr als wohl in diesen edlen Outfits. Irgendwie sah ich auf diesen Fotos sehr erwachsen aus. Wer weiß, vielleicht war ich ganz plötzlich auch erwachsen geworden? Fest stand, ich war plötzlich wieder Single, mit noch nicht überwundenem Herzschmerz. Daher stand mir der Sinn nicht immer nach Rampenlicht. Aber ich versuchte, mich so professionell wie nötig und erwachsen wie möglich zu verhalten. Abends legte ich mir einen kühlenden Umschlag aufs Gesicht, um meine verquollenen Augen für Termine oder Shootings in den Griff zu bekommen. Jasmin revanchierte sich auch sehr liebevoll, indem sie diesmal für mich da war. Wir gingen viel aus und feierten wieder wie in den »guten alten Zeiten«. Doch am allermeisten war ich nun mit Sneshina unterwegs, die längst zu meiner besten Freundin geworden war. Sie verstand es hervorragend, mich von zu viel Grübelei abzulenken.

»Sei froh, dass du den Kerl endlich los bist!«, pflegte sie immer zu sagen. »Wenn du mit dem irgendwann ein Kind bekommen hättest, hättest du zwei Babys zu Hause gehabt.« Und damit hatte sie vermutlich recht. Ich wusste, dass ich die richtige Entscheidung getroffen hatte, und begann, wieder nach vorn zu sehen. Ich wollte mich auf meine Karriere konzentrieren und von der gemeinsamen Zeit mit Stefan nur die schönen Momente in Erinnerung behalten. Leider sah Stefan das ganz anders. Er hatte offensichtlich noch lange nicht mit uns abgeschlossen. Denn es stellte sich sehr schnell raus, dass er unsere Trennung auf keinen Fall akzeptieren wollte.

Zuerst kamen gemeine SMS und E-Mails mit den übelsten Beschimpfungen und Vorwürfen. Ich tat das, was mir Sneshina riet, und ignorierte diese Ausbrüche eines gekränkten Mannes. Doch den Beschimpfungen folgten verzweifelte Versuche, mich durch Versprechungen wieder zurückzugewinnen. Stefan schickte Blumen, schrieb, dass er mich liebte, sich ändern wollte, dass ich doch seine Traumfrau wäre, deren Namen er für immer und ewig auf seiner Brust, direkt über dem Herzen trug. Ich wusste doch, dass das mit dem Namen-Tätowieren eine echte Scheißidee gewesen war.

Ich blieb eisern bei meiner Entscheidung, auch wenn ich an so manchen Tagen und vor allem Nächten schwach zu werden drohte. Meistens passierte das in einsamen Momenten. Zum Beispiel, wenn ich nach einer langen Schicht hinter dem Tresen allein in den frühen Morgenstunden in mein Bett kroch. In solchen Momenten vermisste ich ihn und uns. Doch dann rief ich mir wieder ins Gedächtnis, wie er vermutlich schmollend auf der Couch gesessen und mich gefragt hätte, mit wem ich es diesmal getrieben hätte. Falls Erinnerungen dieser Art nicht ausreichten, las ich mir einfach erneut seine Hasstiraden durch. Das half ganz gut, um aufkommende Zweifel im Keim zu ersticken, denn dann war ich sofort wieder sehr froh, nur die Katze im Bett zu haben.

Leider gab Stefan über Monate hinweg nicht auf. Er machte Telefonterror, fing an, meine Freunde anzurufen und betrieb schon bald sehr öffentlich Rufmord. Erst als ich Stefan klipp und klar machte, dass ich mir jegliche Form von Kontaktaufnahme verbot und absolut nichts mehr mit ihm zu tun haben wollte, ließ er mich allmählich in Ruhe. Das tat weh, war aber notwendig. Und funktionierte. Stefan meldete sich nicht mehr bei mir. Ich schätze, ihm ging selbst die Kraft aus, und ich hoffte, dass er bald eine Frau finden würde, mit der er glücklich werden würde.

Das Jahr 2012 wurde nach dieser Trennungsgeschichte und dem bald überwundenen Herzschmerz schließlich noch mein Party- und Spaßjahr, zumindest zu Beginn. Allerdings stand bei mir das Arbeiten immer an erster Stelle. Obwohl ich inzwischen, auch durch den Job in Paris, über ein gewisses finanzielles Polster verfügte, arbeitete ich weiterhin auch im Swingerclub. Ich wollte nicht den gleichen Fehler machen wie früher und das regelmäßige Einkommen meines Tresenjobs gab mir ein Gefühl von Sicherheit. Außerdem fand ich die Arbeit nach wie vor okay. Ich mochte es, mit Melinda zu arbeiten, auch wenn mein Kontakt zu den anderen Kolleginnen eher oberflächlich blieb und der Chef sich inzwischen auch des Öfteren von einer anderen, gar nicht mehr so sympathischen Seite zeigte.

Sobald ich nicht arbeiten musste, zog ich um die Häuser und genoss meine neu gewonnene Freiheit, mein Singledasein. Ich genoss es, ohne Beobachtung zu flirten und auch ein bisschen mehr. Ich hatte ein paar nette Affären, aber keine Lust auf eine neue feste Partnerschaft. Denn ich fand es toll, jeden Tag aufs Neue entscheiden zu können, auf was oder wen ich Lust hatte. Mich mit niemandem mehr absprechen zu müssen. Bei Jobs alles zu geben, ohne anschließend die eifersüchtige Reaktion meines Freundes fürchten zu müssen. Ich tobte mich so richtig aus. Auf allen Gebieten.

Mir wurde klar, sollte ich mich jemals wieder auf eine feste Partnerschaft einlassen, war mir eines besonders wichtig: Mein Partner musste tolerant sein und mich mein Leben leben lassen.

Aber jetzt, jetzt war ich 25 Jahre jung, Single und glücklich. Noch dazu gerade sehr erfolgreich. Im Januar begleitete mich ein Fernsehteam von Pro Sieben auf die Fashion Week Berlin und anschließend nach Paris, wohin mich Monsieur Gaultier erneut eingeladen hatte. Diesmal allerdings als Gast zu seiner Show bei der Men's Fashion Week, die ich aus der ersten Reihe verfolgen durfte. Nach der Show haben wir uns ein bisschen unterhalten und Monsieur Gaultier hat mir Geschichten aus seiner Jugend erzählt. Wie er in einer Disko war und eine Frau sah, die ihn faszinierte, weil sie ein durchsichtiges Oberteil trug und darunter ein Tattoo, das wie ein Büstenhalter mit Blumen aussah. Spätestens seit diesem Tag war er selbst großer Tattoo-Fan. Zudem war er schon immer Fan davon, anders zu sein. Vielleicht verstanden wir uns auch deshalb so gut? Mein Respekt vor diesem Mann ist bis heute ungebrochen.

Kaum zurück in Berlin hatte ich das dringende Bedürfnis nach einer weiteren Tätowierung. Ich wollte mit meinem Bauch anfangen, der noch sehr leer war, und ließ mir von Adriaan die Outlines zu einer Geisha mit Sushi und Lotusblüten tätowieren. Ich fand Geishas schon immer sehr faszinierend, ihre Mischung aus Sexappeal und Demut einzigartig. Und Sushi esse ich einfach für mein Leben gern. Ich liebe zwar auch Pizza, aber von einer Pizza-Tätowierung sah ich dennoch ab. Denn die asiatische Kultur ist für mich die ästhetischste aller Kulturen und das schließt die Esskultur nun mal mit ein. Leider war das Tätowieren am Bauch so schmerzhaft, dass ich das Motiv nicht fertigstellen ließ und stattdessen beschloss, mit dem Tätowieren wieder etwas zu pausieren.

Anschließend ging es weiter mit Events, zu denen ich eingeladen wurde, wie zum Beispiel zur Bärenverleihung auf der Berlinale. Aber neben dem Blitzlicht auf dem roten Teppich bekam ich auch weitere Jobs als Model rein. Im April bekam ich eine Anfrage von Astra-Bier für eine ihrer Werbekampagnen. Dafür wurde ich komplett nackt fotografiert, allerdings so, dass die Astra-Bierflasche immer die heiklen Stellen verdeckte. Denn ein kompletter Akt kam für mich damals nicht in Frage, vor allem deshalb, weil ich es schon immer spannender empfand, nicht alles zu zeigen. Noch dazu fand ich die Idee von Astra sehr witzig, denn der Slogan lautete: »Endlich mal Werbung ohne nackte Haut« und wurde zu einem riesigen Erfolg. Erst gab es nur Postkarten und Poster, doch schon bald auch lebensgroße Aufsteller an Tankstellen und haushohe Werbeflächen, die alle mich zeigten. Die Kampagne wurde wieder und wieder verlängert und schon bald wurde ich zu einem festen Bestandteil des Stadtbildes in Berlin und Hamburg, später auch des gesamten Ruhrgebietes. Ich wusste vorher, dass die Astra-Werbungen sehr beliebt waren, aber ich hätte niemals damit gerechnet, dass diese Bier-Kampagne solche Ausmaße auch für meine Karriere annehmen würde. Denn von nun an wurde ich ständig erkannt. Beim Einkaufen oder in der U-Bahn kamen kichernde Mädchen und schüchterne Jungen auf mich zu und fragten, ob sie ein Foto mit mir machen dürften. Das war ein merkwürdiges, aber auch ein sehr gutes Gefühl. Ich war stolz auf mich.

Allerdings können mich bis heute sehr viele Leute nicht wirklich zuordnen. Manchmal komme ich ihnen bekannt vor, aber sie wissen nicht woher. So saß ich in der Modenschau von Harald Glöckler neben Peyman Amin, der mich perplex anstarrte und dann sagte: »Sag mal, du bist doch diese bekannte Rapperin, oder?«

Sneshina, die neben mir saß, lachte sich halb kaputt.

Ich sagte nur: »Yo yo yo! Whats up, bro!« Spätestens dann wusste er, dass er mich verwechselt haben musste.

Nach der Astra-Kampagne folgte ein Shooting für Stephen Jones, dem Fashionstar und Hut-Designer schlechthin. Er entwarf Kreationen unter anderem für Lady Gaga, Dior und die englische Königin, eine interessante Mischung, wie ich fand. Bei diesem Shooting ging es eigentlich um ein Buchprojekt, das 2014 erscheinen sollte. Als ich Sneshina, meine Lieblings-Hutdesignerin fragte, ob sie Lust hätte, zu dem Termin mitzukommen, flippte sie völlig aus vor Freude. Sie konnte es kaum glauben, Stephen Jones persönlich kennenzulernen.

Das Shooting lief mehr als gut. Mein Bild gefiel Herrn Jones sogar so gut, dass er es als Motiv schon vorab benutzte, und zwar für die Einladungskarten zu seiner Show auf der London Fashion Week im Herbst 2012. Und natürlich durfte Sneshina ein Bild mit ihm machen und etwas über Hüte fachsimpeln. Im Juli lief ich dann erneut auf der Fashion Week Berlin, hatte zusätzliche Covershootings und war weiterhin zu sehr vielen Promi-Events eingeladen. Das Faszinierende dabei war, dass ich seit der Astra-Kampagne langsam, aber sicher auch über die Tattoo-Szene hinaus bekannt wurde. Denn Bier trinken fast alle.

Dass mehr Prominenz nicht immer nur Vorteile mit sich bringt, musste ich allerdings schon bald schmerzlich feststellen.

Im Sommer bekam ich über einen Fotografen, den ich kannte, eine Anfrage für ein Shooting für PETA. Es ging um die Tierschutz-Kampagne »Ink Not Mink«. Da ich Tiere über alles liebe und ein absoluter Tierfreund bin, sagte ich natürlich zu. Allerdings wies ich den Fotografen vorab mehrfach darauf hin, dass ich erst vor zwei Tagen ein Shooting hatte, bei dem ich Pelz tragen musste und auch schon früher öfter Hüte mit Federn oder Pelzelementen getragen hatte – niemals privat, aber für Shootings konnte ich das aus beruflichen Gründen nicht immer ausschließen. Er versicherte mir, dass das kein Problem wäre und PETA mich gern trotzdem dabeihätte, weil ich gute Werbung für sie wäre. Naiv, wie ich war und vermutlich auch manchmal immer noch bin, vertraute ich seinem Wort. Dass das ein großer Fehler war, sollte ich erst später feststellen. Doch meine Glückssträhne des Jahres 2012 fand ihr abruptes Ende schon etwas früher, nämlich an einem Donnerstag Ende September. Ich hatte Frühschicht und war gerade am Arbeiten, als mich Sneshina morgens anrief.

»Na, Süße! Wieder am swingen?«, lachte sie in den Hörer.

»Klar, schon seit acht Uhr. Ist mein Morgensport! Und wieso bist du schon wach?«

»Na, hör mal. Es ist neun Uhr. Da mache ich schon mein zweites Frühstück. Und weil wir beide so fleißig sind, finde ich, wir sollten heute Nachmittag unbedingt zu Skunk Anansie! Sie geben ein kleines, privates Konzert im nhow-Hotel zu ihrem Album Release. Und ich, ich habe zwei Karten!«

Da ließ ich mich nicht lange bitten. Die Sängerin von Skunk Anansie war eine Hammer-Frau! Ich raste nach meiner Schicht nach Hause, da ich mich noch schnell duschen, umziehen und fertig machen wollte, bevor es wieder losging. Doch plötzlich, als ich unter der Dusche stand, spürte ich es. Einen Knoten an meiner rechten Brust. Ich konnte es überhaupt nicht fassen und fühlte auch auf der linken Seite nach. Aber da war nichts. Dieser Knoten war nur rechts und eindeutig da. Mir wurde sofort schrecklich schwindelig. Sollte ich etwa ...? Ich konnte das Wort »Brustkrebs« nicht mal denken. Das war doch unmöglich. Ich war 25 Jahre alt und somit viel zu jung für eine solche Krankheit.

Ich stieg aus der Dusche und tat all das, was ich mir vorgenommen hatte. Abtrocknen, eincremen, dabei bloß nicht die Brust anfassen, anziehen, föhnen, schminken. Ganz mechanisch versuchte ich alles »normal« zu machen, als wäre nichts gewesen. Heute weiß ich, dass ich vermutlich unter Schock stand. Ich machte mich einfach fertig, fuhr zu dem Konzert, als wäre nichts passiert, und versuchte, mich abzulenken.

Das gelang mir auch, zumindest bis zu einem gewissen Grad. Denn das Konzert war wahnsinnig toll. Aber in meinem

Kopf tauchte immer wieder ein Wort auf: »Brustkrebs!« Ich brachte es nicht fertig, Sneshina davon zu erzählen. Irgendwie hatte ich das Gefühl, sobald ich darüber reden oder es aussprechen würde, würde es Wirklichkeit werden.

Doch am nächsten Tag, als ich den Knoten immer noch fühlte, wusste ich, dass ich das nicht länger einfach ignorieren konnte. Ich ging wie gewohnt zu meiner Frühschicht am Freitagmorgen, rief von dort aus meine Frauenärztin an und vereinbarte einen Termin für Montagmorgen. Das gesamte Wochenende war der absolute Horror. Ich spürte den Knoten nun permanent. Er fühlte sich riesig an. Wenn ich auf der Seite lag, drückte er sich sogar sichtlich ab. Ich konnte ihn in Form einer kleinen Wölbung sehen. Das war schrecklich.

Ich blieb das ganze Wochenende zu Hause und sagte alle Termine ab, weil ich nach wie vor niemandem davon erzählen wollte, weder Sneshina noch Jasmin oder gar meinen Eltern. Ich wollte nicht, dass sie sich Sorgen machten, bevor ich selbst wusste, was los war. Eigentlich verbrachte ich das ganze Wochenende vor dem Internet und recherchierte Brustkrebs. Im Internet nach Krankheiten zu recherchieren, kommt immer einem Todesurteil gleich. Alles, was ich dort las, traf zu. Bis auf die Tatsache, dass ich erst 25 Jahre alt war. Ich las auch von Fällen, in denen die Krankheit schon in jungen Jahren auftrat. Aber »jung« war meistens nicht vor 30.

Als ich endlich am Montag zu meinem Mammographie-Termin in der Frauenarztpraxis erschien, hoffte ich immer noch auf eine entzündete Drüse. Oder auf ein Wunder. Doch diese Hoffnung wurde mir schnell genommen. Die Struktur zeigte sofort und sehr deutlich, dass es sich um einen Tumor handelte. Meine Ärztin verschrieb mir eine Überweisung zum Radiologen um eine Biopsie machen zu lassen, doch als ich sofort im Anschluss dort einen Termin vereinbaren wollte, sagte mir die Sprechstundenhilfe, ich müsste eine Woche warten, vorher hätten sie keine Termine frei.

»Eine Woche?«, fragte ich ungläubig nach und sah mich in meinem geistigen Auge schon zu Hause in meiner Wohnung wahnsinnig werden. »Ich meine, wenn ich Krebs habe, dann sollte man das doch möglichst schnell feststellen, oder?«

»Na ja«, sagte die Sprechstundenhilfe unbeeindruckt. »Sie sind ja erst 25. Da ist es recht unwahrscheinlich, Krebs zu haben! Außerdem waren Sie noch nie bei uns. Da dauert es ein bisschen mit einem Termin.«

»Klar!«, sagte ich. »Tut mir leid, dass ich noch nie hier war, aber Krebs bekommt man halt nicht alle Tage!« Dann rief ich meine Frauenärztin an. Tatsächlich schaffte sie es, Druck zu machen, und ich bekam einen Termin für Donnerstag.

Die Zeit bis Donnerstag wollte einfach nicht vergehen. Ich machte alle meine Schichten im Club nach Plan, um zu Hause nicht völlig durchzudrehen. Falls mich Freunde anriefen, ging ich nicht ran oder sagte, dass ich krank wäre. Ich weiß nicht, warum, aber ich musste das irgendwie mit mir allein ausmachen.

Als ich dann endlich am Donnerstag bei der Oberärztin in der Radiologie saß und wir erneut eine Mammographie machten, bestätigte sich die Diagnose meiner Frauenärztin: Es war ein Tumor. Ich bekam einen neuen Termin für eine Biopsie am Dienstag um acht Uhr, bis dahin lag ich nur zu Hause und heulte. Ich hatte lauter Horrorszenarien im Kopf von einer amputierten Brust bis hin zum eigenen Tod. Zum ersten Mal vermisste ich Stefan, weil ich mich plötzlich so allein fühlte. Schließlich überwand ich mich doch und vertraute mich Sneshina an, weil ich es allein nicht mehr aushielt. Sie gab mir sehr viel Kraft. Ihre Art und Weise zu denken, nämlich positiv und praktisch, ermutigte mich sehr. Irgendwie fand sie immer die richtigen Worte. Und in einer Sache hatte sie wirklich recht: Immerhin hatte ich den Knoten recht früh entdeckt und so gesehen hatte ich eigentlich schon mal Glück gehabt.

In der Nacht vor der Untersuchung tat ich kein Auge zu. Sneshina begleitete mich zu dem Termin. Ich bekam eine örtliche Betäubung und eine Nadel in die Brust. Auf dem Ultraschall konnte ich genau sehen, wie die Nadel in den Tumor stach. Insgesamt wurden drei Proben entnommen. Anschließend musste ich erneut eine Woche warten, in der ich versuchte, so normal wie möglich zu leben. Nach feiern war mir allerdings nicht zumute und meine Arbeit im Club strengte mich schrecklich an. All diese Brüste den ganzen Tag um mich herum zu sehen, machte es mir fast unmöglich, nicht an den anstehenden Befund zu denken.

Als das Ergebnis endlich da war, sagte man mir, es handele sich um einen momentan noch gutartigen Tumor in den

Milchdrüsen. Dank der Biopsie schrumpfte der Tumor schon von eins Komma fünf Zentimeter auf Stecknadelgröße ab. Er fühlte sich vorab durch die Ummantelung durch das Fettgewebe noch größer an. Die Ärztin sagte mir, es wäre nicht notwendig, weiteres Gewebe zu entfernen. Es würde so weit keine weitere Gefahr bestehen, was aber jederzeit umschlagen könnte. Denn ein kleiner, wenn auch nur stecknadelgroßer Tumor, wäre immer noch da. Wichtig wäre, dass ich von nun an regelmäßig zur Kontrolle ginge, was ich mir fest vornahm.

Als das Schlimmste geschafft war, ging mir endgültig die Kraft aus. Ich fiel in ein tiefes Loch. Erst die Trennung von Stefan, dann ein Tumor in der Brust. Ich hatte keine Energie mehr, fühlte mich ausgelaugt und müde. Meine Motivation war wie vom Erdboden verschluckt. Ich brauchte dringend eine Auszeit von meinem Karriere-Marathon. Die nächsten zwei Monate ließ ich daher alles schleifen. Ich nahm keine Jobs mehr an, meldete mich bei meiner Agentur krank und verkroch mich zu Hause. Ich aß nur unregelmäßig und nahm in dieser Zeit fünf bis sechs Kilo ab. Zwar machte ich noch das Nötigste, wie Geld verdienen hinter dem Tresen, wo ich mein Gehirn ausschalten konnte und nicht permanent lächeln musste, aber die einzigen Model-Jobs, die ich noch machte, waren solche, die ich bereits vor langer Zeit zugesagt hatte und daher nicht mehr absagen konnte. So war ich Ende Oktober 2012 beim Leipziger Opernball, im November beim SWR für ein Interview und in Wien bei der Tattoo-Convention. Ich hatte gehofft, Brave dort zu treffen, und wollte ihn eigentlich überraschen, aber leider war er nicht da. Dafür traf ich sehr viele gemeinsame alte Bekannte aus Graz, die mir versprachen, ihn von mir zu grüßen. Von seiner alten Freundin, Lexy Hell.

Als ich gerade das Gefühl hatte, wieder neue Kraft zu tanken, kam im Dezember die PETA-Kampagne raus, an der ich im Sommer teilgenommen hatte. Irgendjemand postete PETA ein Bild von mir von einem Shooting im Pelz und plötzlich begann eine absolute Hetzjagd auf mich. Auf einmal hieß es, ich wäre eine Lügnerin, bei einer Aktion gegen Pelz mitzumachen, wo ich doch sonst »ständig Echtpelz tragen würde«. Allen voran die Tierschutzorganisation PETA selbst, die auf ihrer Facebook-Seite gegen mich hetzte und mich kurzerhand aus der Kampagne warf. Sie behaupteten öffentlich, ich hätte einen Vertrag unterschrieben, in dem stehen würde, dass ich noch nie Pelz getragen hätte. Dabei gab es nie einen solchen Vertrag zwischen PETA und mir. Es gab überhaupt keinen Vertrag. Das Einzige, was ich unterschrieben hatte, war ein Vertrag zwischen dem Fotografen und mir und darin ging es nur um die Bildrechte. Zum Glück gab der Fotograf sofort zu, dass wir vorab über dieses Thema gesprochen und ich offen gesagt hatte, dass ich aus beruflichen Gründen schon Pelz getragen habe. Dennoch blieb die Tierschutzkampagne bei ihrem Standpunkt. Am meisten enttäuschte mich, dass niemand von PETA direkt mit mir Kontakt aufnahm. Fest stand, ich war ganz plötzlich der Arsch der Nation.

Erst als im Januar 2013 eine spannende Anfrage kam, schaffte ich es, mich wieder aufzuraffen. Ich sollte für Anja Gockel im offiziellen Mercedes-Benz-Zelt auf der Fashion Week als Stargast laufen. Das war genau der Anstoß, den ich brauchte, um neu durchzustarten und wieder positiv zu denken. Schließlich hatte ich eigentlich verdammtes Glück gehabt. Ich hatte zwar einen Tumor in der Brust, aber auch noch eine Brust. Und: Ich war am Leben.

Dora – von Demut keine Spur

Dora ist 65 Jahre alt, damit eine der Ältesten unter unserer Stammkundschaft und mit Abstand die »Oma« der weiblichen Stammgäste. Sie kommt jeden Montag und manchmal auch donnerstags zum Gangbang. Dora fällt nicht nur aufgrund ihres fortgeschrittenen Alters auf, sondern auch durch ihr Markenzeichen: eine Narbe neben ihrer rechten Brust. Vermutlich würde diese Narbe niemandem sofort auffallen, hier im Dunkeln, bei all den anderen interessanten Sachen, die es zu sehen gibt. Aber falls »Mann« das Pech hat, Dora in die Arme zu laufen, was sie immer geschickt einzufädeln versteht, hat niemand nur den Ansatz einer Chance, »der Narbe« zu entkommen. Denn Dora hält sie jedem unter die Nase, als handele es sich um eine Heldenauszeichnung. Um einen Orden für »besonders mutige Dienste am eigenen Körper«, was irgendwie auch wieder stimmt. Denn Dora hatte Brustkrebs.

»Schau mal hier!«, beginnt sie jedes Mal ihre Story aufs Neue. »Nicht auf die Brüste, du Schlingel! Hier daneben!«, sagt sie dann im Anschluss, auch wenn ihr niemand auf die Brust, sondern alle sofort auf die Narbe starren. »Ja. Die Narbe! Brustkrebs. Aber ich hatte Glück im Unglück. Chemotherapie, aber alles überstanden. Und der Busen ist noch dran! Willst du mal fühlen?« Den letzten Satz sagt sie nur donnerstags, wenn sie allein hier ist, denn an Montagen kommt sie immer in Begleitung von Horst.

Horst ist Mitte siebzig und sieht aus, als wäre er mal ein heißer Hengst gewesen, so vor einem halben Jahrhundert. Die beiden haben sich in der Klinik kennengelernt, in der Dora behandelt wurde. Melinda und ich spekulieren immer noch, was Horst wohl hatte. Prostatakrebs? Vielleicht hat er aber auch seine kranke Frau besucht, die dann an Brustkrebs gestorben ist. In diesem Fall, so vermuten wir, war Dora bestimmt die Bettnachbarin der Todgeweihten und hat nicht lange gefackelt, sich den heißen Horst zu schnappen. Den trauernden Witwer zu trösten, ihm eine liebevolle Gefährtin im letzten Abschnitt des Lebens zu sein, ihn in der Phase des Trauerns mit selbst gebackenem Kuchen und kalten Umschlägen zu verwöhnen. Und ab und an mit einem Ausflug in den Swingerclub. Melinda und ich haben uns schon die verrücktesten Szenarien überlegt, wie eine Nervkuh wie Dora so einen netten, alten Mann abbekommen konnte. Denn Dora quatscht ununterbrochen. Sie labert alle mit ihren Problemen zu, egal ob man es hören will oder nicht. Sie muss Horst irgendwie reingelegt haben, denn er sieht immer ein bisschen traurig und bedröppelt aus, auch heute, als er sie mal wieder erst massieren muss, bevor es zur Sache gehen darf. Zur Sache gehen bedeutet in diesem Fall, dass Horst, darauf besteht Dora, ihr erst zusehen muss, wie sie sich selbst fingert. Dabei darf er sie auf keinen Fall anfassen, was ihm, wie ich wiederum vermute, gar nicht so schwer fällt. Sobald sie gekommen ist, darf er dann ran. Während des Aktes schreit sie gern: »Fick mich, Horst! Fick mich, du Hengst!« Das ist dann der Moment, in dem nicht nur ich mich in Grund und Boden schäme, sondern eigentlich alle der Anwesenden, denen sonst nie irgendetwas peinlich ist. Aber es ist so schrecklich peinlich für Horst, weil ihm bei »Fick mich, du Hengst!« regelmäßig der mühsam steif gewordene Ständer zusammenfällt. Ist ja auch nicht so einfach, in diesem fortgeschrittenen Alter. Mit anderen Frauen macht Horst nie etwas. Er ist immer nur an Doras Seite.

Ich sage es frei raus: Ich mag Dora überhaupt nicht. Ich mag es nicht, wie sie mit Horst umgeht, und ich mag es nicht, dass sie mit ihrer Krankheit hausieren geht. Sie stellt es so dar, als wäre es ihre große Leistung gewesen, Brustkrebs zu bekommen und diesen auch besiegt zu haben. Dabei mag sie ja bis zu einem gewissen Maß recht haben. Und ich habe großen Respekt vor jeder Frau, die das überstanden hat. Aber ich finde es schlimm, wie sie sich damit rühmt. Ich finde es traurig, dass Dora denkt, diese Narbe an ihrer Brust wäre das einzig Besondere an ihr, und noch viel trauriger ist es, eine alte Frau zu sehen, die kein bisschen weise geworden ist, sondern eigentlich nur einsam. Und leider auch ziemlich dumm, statt demütig.

Auch heute quatscht mich Dora wieder mit ihren Problemen zu. Ich habe nicht zugehört, aber ich glaube es geht um irgendein Zeitschriften-Abo, dass sie nicht mehr kündigen kann. Höchst interessant.

»Sag mal, Dora«, unterbreche ich ihre Ausführungen. »Wie hast du den Horst eigentlich kennengelernt?«

»Na, im Krankenhaus. Er hat seine Frau besucht. Die lag mit mir im Zimmer.« Wusste ich es doch.

»Und wann ist sie gestorben?«

»Gestorben? Die ist putzmunter.«

»Oh. Aber Horst kommt immer ohne sie.«

»Ja klar, Kindchen. Was denkst du denn? Die lässt ihn ja auch zu Hause nicht ran, der arme Mann. Also kümmere ich mich ein bisschen um ihn. Ich schweige wie ein Grab. Außer, er macht es mit einer anderen. Wenn ich ihn dabei erwischen sollte, werde ich das seiner Frau stecken.«

»Aber du machst es doch auch mit anderen Männern«, sage ich verblüfft. »Das ist doch unfair.«

»Kindchen, wer hat denn behauptet, dass das Leben fair ist?«, sagt Dora und lacht.

Tja, da hat sie wohl recht. Trotzdem bin ich enttäuscht. Denn jetzt mag ich Horst auch nicht mehr.

13.
NEUBEGINN
Neue Tattoos: keine

Die Erkenntnis, gesund und am Leben zu sein, ließ mich mit neuer, wenn auch etwas weniger Energie als sonst, ins Jahr 2013 starten. Auf der Fashion Week Berlin lief ich für Anja Gockel und als erstes stark tätowiertes Model für eine Show von »Kauffeld & Jahn Couture«. Zeitgleich zur Fashion Week entstand die Werbekampagne von Mini. BMW hat dazu als Werbeaktion einen Mini mit Fotos von mir beklebt, den ich für zwei Monate umsonst fahren durfte. Anschließend wurde er für einen Monat verlost. Die ganze Aktion wurde von Spiegel-TV als Reportage begleitet. Ich freute mich zwar über die Publicity, aber noch viel mehr über die hübsche Leihgabe in Form eines personalisierten fahrbaren Untersatzes. Ich genoss es sehr, mit meinem kleinen Flitzer durch die Stadt zu düsen. Ja: Lexy Hell war zurück! Und das überraschte so einige, denn viele dachten, nach dem Rauswurf aus der Tierschutzkampagne würde ich erst mal in der Versenkung verschwinden. Man hatte schließlich in den letzten Monaten auch nicht allzu viel von mir gehört. Ich hatte wohl vergessen, meinen Status auf Facebook in »Tumor in der Brust« zu ändern.

Das unvollständige Tattoo an meinem Bauch musste immer noch warten. Ich wollte meinem Körper für längere Zeit keine weiteren Schmerzen zufügen und mir Zeit lassen, und

zwar in allen Bereichen. Denn in mir hatte sich einiges verändert. Ich war demütiger geworden. Der anfängliche Verdacht
auf Brustkrebs hatte meinen Blickwinkel und Fokus völlig
verändert. Weiter weg von Job und Karriere, hin zu Gesundheit und Leben. Es war Zeit, etwas innezuhalten, aber zugleich
wieder aus meinem Loch hervorzukriechen. Doch ich brauchte
Zeit, um wieder oder vielleicht auch erstmals voll und ganz
zu mir zu finden. Ich wurde vorsichtiger im Umgang mit
Menschen, brauchte länger, um mich zu öffnen, anderen zu
vertrauen. Zugleich war ich so lebenshungrig wie noch nie
zuvor. Ich wollte das Leben wieder neu anpacken. Aber durch
diesen kleinen Eingriff des Schicksals hatte ich einen Großteil
meiner Naivität verloren. Das war eigentlich gar nicht so
schlecht. Schließlich hatte mir meine Naivität auch schon so
einigen Ärger eingebracht. Dennoch wollte ich mir weiterhin
ein bisschen Naiv-sein erhalten, nur eine gesunde Portion,
um nicht zu verbittern oder immerzu misstrauisch an Neues
heranzugehen, nur eben etwas wachsamer.

So war das Jahr 2013 auch das Jahr, in dem ich einige
vermeintliche Freundschaften und Bekanntschaften abbrach
beziehungsweise abbrechen ließ, indem ich einfach keine
Kraft mehr investierte. Dass ich krank gewesen war, hatten
nur die wenigsten mitbekommen. Nur die echten Freunde
haben nach und nach davon erfahren. Und davon gab es
nicht viele. Mit Jasmin ließ der Kontakt automatisch nach,
als sie schwanger wurde. Ich war sehr stolz darauf, wie sie ihr
Leben umgekrempelt hatte, und freute mich für sie und ihr

Familienglück, aber viele Gemeinsamkeiten hatten wir ehrlich gesagt nicht mehr.

Ich konzentrierte mich von nun an nur noch auf Dinge, Menschen und Jobs, dir mir guttaten. Mit Ausnahme meines Nebenjobs, auf den ich finanziell gesehen immer noch angewiesen war, funktionierte meine Strategie ganz gut. Und wie immer, wenn man mit sich selbst ausnahmsweise mal im Reinen ist und alles andere als Männer im Kopf hat, passierte es: Ich verliebte mich Anfang des Jahres in einen Mann. Einen wirklich tollen Mann. Einen Mann, mit dem ich einige meiner schönsten Wochen verbrachte. Er tat mir unglaublich gut. Allerdings sahen wir uns nur sporadisch, da wir aus beruflichen Gründen beide nur wenig Zeit füreinander hatten. Dieser Mann, der auch in der Öffentlichkeit stand, gab mir sehr viel Kraft. Kraft, wieder an mich zu glauben, Lebensfreude zu tanken, Lust auf das Leben und auf die Liebe zu haben. Auch auf die körperliche Liebe. Denn tatsächlich hatte mich das übersexualisierte Umfeld meines Nebenjobs in dieser Hinsicht ziemlich abgestumpft. Dass Sex ganz normal und dabei wahnsinnig leidenschaftlich und aufregend sein kann, hatte ich schon fast vergessen. Bei all den Möpsen und Penissen, die Tag ein, Nacht aus um mich herumwedelten. Doch mit diesem Mann kam meine Lust zurück. Leider lernten wir uns zu einem völlig falschen Zeitpunkt kennen. Nämlich zu einem Zeitpunkt, an dem wir beide Prioritäten hatten, die leider nicht übereinstimmten. Meine war »ich«, seine ebenfalls.

Trotzdem tat mir diese sehr kurze, aber auch sehr intensive Beziehung wahnsinnig gut. Ich nahm mich wieder viel mehr als Frau wahr – als Frau mit Bedürfnissen, die ich ausleben wollte und konnte, als Frau mit Brüsten, die endlich wieder nicht nur aus medizinischen Gründen angefasst wurden, zumindest für diesen Zeitraum. Denn schon im April stand ein Termin zur Nachkontrolle meiner Brust in meinem Terminkalender. Ich hatte wahnsinnige Angst vor dieser Untersuchung, wusste aber, dass kein Weg daran vorbeiführte. Wie immer erzählte ich niemandem davon, auch nicht Sneshina. Erst sobald ich gute Nachrichten hatte, wollte ich sie einweihen. Die erneute Mammographie ging schnell vonstatten. Meine rechte Brust war unverändert und der Tumor nicht gewachsen, was gut war, allerdings zeigte sich in meiner linken Brust nun auch verändertes Gewebe. Noch nichts Besorgniserregendes, wie mir meine Frauenärztin versicherte, aber ich müsste unbedingt im Juli erneut zur Kontrolle kommen. Eben alle drei Monate, um auf Nummer sicher zu gehen. Ich bedankte mich und verschwand auch recht schnell aus der Praxis. Erleichtert und beunruhigt zugleich. Da hatte ich endlich diesen Termin hinter mich gebracht und schon graute mir wieder vor dem nächsten. Es war zum Verzweifeln.

Doch anstatt zu verzweifeln, konzentrierte ich mich auf meine Jobs. Davon gab es in der ersten Hälfte des Jahres 2013 so einige: Interviews und Berichte in der »Cosmopolitan«, dem »Cover Magazine«, Österreichs größtem Frauenmagazin

»Woman« sowie in der »Gala«, der »InTouch« und vielen anderen. Ich war wieder vermehrt auf Filmpremieren unterwegs, wie bei »Lone Ranger«, »Thor 2« oder auf der Berlinale bei der Deutschlandpremiere von »All things fall apart« von 50 Cent. Es folgten Einladungen zu Shoperöffnungen wie »G-Star«, »Patrick Mohr«, »Forever 21«, »Lena Hoschek«, »Ampya« oder der Parfumlounge von »Diesel«. Das machte alles zwar wahnsinnig viel Spaß, brachte aber meist kein Geld ein.

Im Mai 2013 schloss außerdem mein Agent und Freund Rolf Schneider seine Agentur, um sich stärker und vorrangig um seine eigene Karriere zu kümmern. Ich konnte ihn gut verstehen und bewunderte seine Einstellung und seinen Mut. Daher trennten wir uns schweren Herzens, aber nur in beruflicher Hinsicht. Rolf vermittelte mich sofort an eine gute Bekannte zur Agentur »Public Heroes«, bei der ich mich bis heute gut aufgehoben und richtig untergebracht fühle. »Da bleibst du wenigstens in der Familie!«, sagte Rolf.

Mit der neuen Agentur folgte für mich ein Modeshooting in München für das »OK!«-Magazin. Das Beste daran war, dass es zusammen mit Sneshina für drei Tage nach Bayern ging. Denn es handelte sich um ein Trachten-Shooting von Sahnehäubchen zusammen mit Tian van Tastique. Und ich liebe Trachten. Vermutlich deshalb, weil jede Frau in Trachten eine gute Figur mit praller Oberweite macht, sogar ich. Anschließend gab es noch ein weiteres Shooting mit dem Fotografen Sammy Hart. Die dabei entstandenen Bilder wurden später im Quality-Magazine veröffentlicht. Nach getaner

Arbeit genossen Sneshina und ich ein verlängertes Mädchenwochenende in München, was uns beiden sehr guttat.

Zurück in Berlin folgte ein berufliches Sommerloch bis Juli, in dem ich notgedrungen sehr viel Zeit im Bumsladen verbringen musste. Mein Nebenjob verlangte mir immer mehr Überwindung ab. Langsam, aber sicher begann ich, diesen Job zu hassen. Allerdings konnte ich nicht genau einschätzen, woran das lag. Zum einen lag es bestimmt an der Jahreszeit, denn jener Sommer ging fast spurlos an mir vorüber. Während andere Leute an den See fuhren, um sich in der Sonne zu braten oder an Strandbars Bier zu trinken, musste ich ohne Tageslicht in diesem Kellerloch malochen. Dazu kam eine permanente Migräne, die immer dann einsetzte, sobald ich den Laden betrat. Stechende Kopfschmerzen, begleitet von Übelkeit. Ich erkundigte mich bei meinen Kolleginnen, ob sie ähnliche Beschwerden hätten, und tatsächlich klagten die auch oft über Kopfschmerzen oder Übelkeit, aber vermutlich deshalb, weil sie meist verkatert zur Arbeit kamen. Als mein Unwohlsein auch außerhalb der Arbeit nicht besser wurde, ließ ich mich von einer Ärztin durchchecken. Allerdings konnte sie nichts feststellen.

»Vielleicht psychosomatisch?«, vermutete sie. Das konnte natürlich sein, half mir aber auch nicht wirklich weiter. Denn leider war ich immer noch auf mein Thekengehalt angewiesen. Also löste ich das Problem anders und schmiss mir oft schon vor meiner Schicht Kopfschmerztabletten ein. Rein prophylaktisch. Dass das keine Dauerlösung sein konnte, ahnte ich, aber wenigstens half es mir durch den Sommer.

Im Juli ging es dann beruflich endlich wieder los. Denn die Fashion Week stand vor der Tür. Diesmal trat ich allerdings nur als Gast auf. Ich hatte zwar Jobangebote für »Bread & Butter« und eine weitere Modenschau bekommen, aber die Gage war so gering, dass ich ablehnte. Ich wollte mich nicht unter Preis verkaufen. Leider gab und gibt es viel zu viele tätowierte Mädchen und junge Models im Allgemeinen, die das immer wieder machen und damit leider auch die Preise auf dem Markt zerstören. Ich zog es daher vor, die Fashion Week und Modenschauen diesmal nur als Gast zu verfolgen und mich auf dem roten Teppich rumzutreiben. Die Boulevardzeitung und Klatschpresse hatte in diesem Jahr ein echtes Faible für mich entwickelt.

Meinen anstehenden Kontrolltermin bei der Frauenärztin ließ ich einfach sausen. Ich wusste, dass das schrecklich dumm von mir war, hatte aber auf der anderen Seite so viel Angst davor. Angst, schlechte Nachrichten zu bekommen. Angst, vor noch mehr Angst. Ich nahm mir vor, diesen Termin bald nachzuholen. Dann, wenn alles wieder ein wenig ruhiger geworden wäre.

Im August ging es dann zum ersten Mal seit langer Zeit wieder zurück in die Heimat – beruflich, um Interviews für die Zeitschriften »Die Steirerin« und »Box« zu geben, aber, und das war viel wichtiger, vor allem aus privaten Gründen. Denn ich war Tante geworden. Meine Schwester lud mich zur Taufe ihres Sohnes nach Leibnitz ein und natürlich sagte ich zu. Es war an der Zeit, mich meiner Vergangenheit zu stellen und endlich mal wieder etwas Zeit mit meiner Familie zu verbringen. Seit wir räumlich getrennt voneinander waren, hatte sich unser Verhältnis entspannt. Ich freute mich tatsächlich sehr auf meine Schwester und meinen süßen Neffen und das zu Recht. Die Zeit, die wir gemeinsam verbrachten, war einfach nur schön. Irgendwie, so schien es mir, hatten meine Schwester und ich uns mittlerweile gegenseitig voll und ganz akzeptiert, so unterschiedlich wie wir nun mal waren. Meinen Neffen schloss ich sofort ins Herz. Als ich sah, wie liebevoll alle mit diesem Kind umgingen, hatte ich den Eindruck, dass der Kleine unsere ganze Familie verändert hatte. Irgendwie waren alle näher zusammengerückt in der gemeinsamen Freude über den kleinen Mann. Natürlich blieben kurze Nervereien nicht aus. So war es für mich unter anderem ein sehr sonderbares Gefühl, wieder in meinem alten Kinderzimmer zu schlafen und von meiner Mutter gefragt zu werden, was ich frühstücken möchte. Ich wusste, sobald ich die Wahrheit sagte, nämlich »Ich frühstücke nie«, würde es schon wieder Ärger geben.

Also sagte ich meistens: »Mir egal. Was du gerade dahast.«

Vielleicht hatte ich auch einfach gelernt, meine Eltern so zu akzeptieren, wie sie nun mal sind.

Als der Bürgermeister von Leibnitz erfuhr, dass ich bei meiner Familie zu Besuch war, rief er mich spontan an und fragte, ob ich Lust auf einen Kaffee mit ihm hätte. So saß ich dann an meinem letzten Tag zu einem Plausch mit dem

Bürgermeister in Leibnitz zusammen. Das wiederum machte natürlich meine Eltern sehr stolz. Schließlich mussten sie in den letzten Jahren auch so einige Sticheleien von Bekannten über sich ergehen lassen, die über ihre »gefallene Tochter« herzogen. Auch heute fragt der Bürgermeister noch ab und an bei meiner Mutter nach, wie es mir ginge und wann ich wieder zu Besuch käme. Und wenn in diesem Moment eine Bekannte dabei ist, ist Mutter Müller umso stolzer. Stolz, dass sie, nach all der vergebenen Liebesmüh, endlich mal mit ihrer Tochter angeben kann. Trotzdem stellte ich mit Bedauern fest, dass meine Mutter und ich uns nie richtig ausgesprochen hatten. Ich habe es mehrmals versucht. Aber sobald ich das Thema auf meine Kindheit und unser schwieriges Verhältnis zueinander lenkte, blockte sie ab. Ganz im Reinen werden wir daher wohl nie miteinander sein, was mich sehr traurig macht.

Zurück in Berlin folgte ein Videodreh für »enough is enough«, gegen das Homophobie-Gesetz in Russland. Mir war es wichtig, diesen Protest zu unterstützen, nicht nur, weil ich sehr viele homosexuelle Freunde habe, sondern weil niemand vor diesem menschenunwürdigen Unrecht die Augen verschließen darf. Ich war eine von mehreren Prominenten, die bei diesem Videodreh mitwirkten. Anschließend nahm ich zusammen mit meinem Ex-Agenten und immer noch sehr guten Freund Rolf an der Demo in Berlin teil. Wir zogen in sechs Stunden vom Kurfürstendamm zur russischen Botschaft, wo das Spektakel mit Massenknutschen endete. Das machte Spaß. In solchen Momenten liebe ich Berlin über alles.

Im September folgte ein kleiner Auftritt bei einer neuen ZDF-Sendung, bevor es anschließend erneut nach Österreich ging, diesmal nach Graz, wo ich im Rahmen des Volkskulturfestes »Aufsteirern« für die Modenschau »Die Pracht der Tracht« gebucht war. Das war mein erster richtiger Job in meiner Heimat, noch dazu eine Modenschau. Ich wusste, dass meine ganze Familie, alte Freunde und Bekannte da sein würden. Und bestimmt auch Leute, die mir früher das Leben schwer gemacht hatten. Das machte mich wahnsinnig nervös. Es war viel stressiger, über den Laufsteg zu müssen, wenn man wusste, wer im Publikum saß. Noch dazu, wenn einem die Meinung dieser Leute wichtig war. Und in meinem Fall war es mir überraschenderweise wirklich sehr wichtig, wie meine Familie auf meinen Auftritt reagieren würde. Ich wollte, dass sie auch diesmal stolz auf mich sein könnten. Zum Glück ging alles gut und meine Familie war in der Tat sehr stolz auf mich. Das Beste daran war, dass sie das auch sagen konnten, was mich mit großer Freude erfüllte. Anschließend besuchte ich in meinem Dirndl noch meine Großmutter, die ganz außer sich vor Freude über meinen Aufzug war und hoffte, ich käme sie jetzt öfter besuchen. In Tracht, versteht sich. Ich stimmte gern zu, solange ich nicht wieder still auf den weißen Holzstühlen sitzen müsste.

Im Anschluss gab ich noch Interviews für »Servus TV« und das »cool«-Magazin. Alles in allem war mein Aufenthalt in Österreich ein voller Erfolg, beruflich wie auch privat. Außerdem tat es mir gut, etwas Abwechslung zu Berlin und vor allem zu meinem Nebenjob zu bekommen. Die einzige Enttäuschung war, dass ich Brave wieder nicht treffen und auch nicht erreichen konnte. Leider stimmte seine Nummer nicht mehr. Niemand wusste etwas von ihm. Brave war wie vom Erdboden verschluckt. Ich nehme an, dass er auf den ganzen Trubel einfach keine Lust mehr hatte und sich schön im Grünen mit selbst gezüchteten Tomaten zurückgezogen hatte, so wie er es sich damals vorgenommen hatte.

Am Wochenende darauf wurde ich in Hamburg von Astra zu einem firmeninternen Event gebucht. Einmal Party machen auf der Reeperbahn – nichts leichter als das! Ich hatte Spaß, musste aber, kaum zurück in Berlin, wieder ab hinter den Tresen. Allein bei dem Gedanken daran wurde mir schon übel. Ich ertrug diesen Job einfach nicht mehr.

Zu allem Übel kündigte dann auch noch Melinda im Swingerclub, um wieder auf den Strich zu gehen. Sie meinte, sie würde ihr altes Leben vermissen. Ich war so wütend auf sie und enttäuscht zugleich. Zum wiederholten Mal musste ich zusehen, wie eine Frau, die ich liebgewonnen hatte, sich freiwillig zurück in ihr Unglück stürzte. Fast kam es mir so vor, dass diese Frauen das nur taten, weil sie das Gewohnte brauchten. Wenn »Unglück« das Gewohnte war, dann eben zurück dorthin. Auch wenn mir vorab die Arbeit schon so gut wie keinen Spaß mehr gemacht hatte, wurde sie von nun an wirklich unerträglich. Ich vermisste Melinda und war wütend auf unseren cholerischen Chef, der mit seiner schrecklichen Art zu dem immer schlechter werdenden Arbeitsklima beitrug. Dazu kam außerdem, dass er uns nicht gerade gut und an Feiertagen oder Wochenenden auch nie extra bezahlte. Und damit noch lange nicht genug. Denn er heuerte unversteuert und damit illegal Prostituierte an, was nicht völlig unbemerkt blieb. Ab und an bekam der Zoll einen Tipp und schaute zur Kontrolle vorbei. Diese Auftritte, die wir dann über uns ergehen lassen mussten, waren für alle Angestellten jedes Mal mehr als erniedrigend. Dabei wurden wir von fünf bis sechs auftrainierten Zollbeamten angeschrien, die aussahen wie personifiziertes Testosteron. Den Chef in solchen Situationen anzurufen, wurde uns von dem Kontrollkommando strikt untersagt, was dem Chef bestimmt ganz recht war. So mussten wir die illegalen Machenschaften dieses Idioten nicht nur aushalten, sondern auch ausbaden.

Zusätzlich zu diesen unverschämten Arbeitsbedingungen wurde die Atmosphäre für mich immer unerträglicher. Sobald ich den Bumsladen betrat, bekam ich schlechte Laune. Ich stumpfte auch in sexueller Hinsicht wieder zusehends ab. Ständig nackte Leute, Pornos, Gestöhne, Männer, die einen dumm anquatschten und dieses schreckliche Telefon. Am liebsten wollte ich die notgeilen Anrufer nur noch wegdrücken. So praktisch meine flexiblen Arbeitszeiten auch waren, so verwirrend waren sie für meinen Körper. Ich hatte irgendwann überhaupt keinen Schlaf-Wach-Rhythmus mehr. Mein Körper war völlig durcheinander. Manches Mal musste er schon um fünf Uhr dreißig morgens funktionieren, am nächsten Tag ging es dann erst um null Uhr so richtig los.

Zwischendurch dann die Tage, an denen ich Model-Jobs und andere Bookings hatte. Wie sollte sich da mein Biorhythmus überhaupt noch zurechtfinden? Ich sage nur: Job frisst Seele auf.

Langsam, aber sicher setzte mir die Arbeit im Swingerclub so zu, dass es sich psychisch und damit auch körperlich immer stärker bemerkbar machte. Ich hatte vor der Schicht alles andere als Lust aufzustehen. Ich kam kaum noch aus dem Bett, hatte Bauchschmerzen, mir war übel, mein Kreislauf kippte ständig und ich bekam regelmäßig Panikattacken, die so weit gingen, dass ich zweimal in der Bahn von der Arbeit auf dem Weg nach Hause umkippte. Ich dachte, ich müsste ersticken. Spätestens da wusste ich, dass mein Körper und meine Seele mit diesem Job nicht mehr mithalten konnten und wollten. Leider war ich nicht mutig genug, sofort alles hinzuschmeißen. Ich versuchte stattdessen, diese Panik in den Griff zu bekommen. Von Atemübungen in der U-Bahn, bis hin zu Ablenkungen mit meinem Telefon. Das half zumindest fürs Erste. Doch ich war jedes Mal heilfroh, wenn ich wieder zu Hause ankam, in der Sicherheit meiner vier Wände.

Ich kämpfte bis Ende des Jahres in diesem Balanceakt weiter. Übelkeit und Panikzustände im Swingerclub, dann wieder Lächeln vor Kameras. Im Oktober flog ich zu einer Party-Buchung in die Schweiz nach Winthertur. Ich bekam Flug, Kost und Logis, plus noch etwas Geld obendrauf bezahlt. Solche Jobs fand ich immer super. Auf diesen Partyspaß folgte das Finale des Bild-»Face of Germany«-Awards in Dresden. Ich war zusammen mit Promis wie Gitta Saxx, Frank Kessler, Bahar, Gulia Siegel, Rocco Stark, Peyman Amin, Collien Ulmen-Fernandes und vielen anderen eingeladen worden. Nachdem das »Gesicht Deutschlands« des Jahres 2013 gewählt wurde, feierten wir noch auf der Afterparty bis in die frühen Morgenstunden. Am Tag darauf ging es trotz schwerem Kopf noch zu einem Benefiz-Fußballspiel in Dresden. Promis kickten für den guten Zweck. Zum Glück und im Sinne des guten Zwecks durfte ich auf der Zuschauerbank sitzen bleiben.

Mit letzter Kraft schleppte ich mich so noch durch bis Ende Oktober. Dann war es endlich so weit: Anfang November stand mein wohlverdienter Urlaub an. Ich hatte mit einem Freund beschlossen, drei Wochen durch Thailand zu reisen, um einfach mal abzuschalten und die Seele baumeln zu lassen. Und genau das taten wir dann auch. Endlich fühlte ich mich mal wieder so richtig frei, körperlich und psychisch wohl. Ich verschwendete keinen einzigen Gedanken an den Club oder die Arbeit. Das tat unglaublich gut und war längst überfällig.

Doch kaum zurück hinter dem Tresen, mit dem traurigen Ausblick auf eine bumsende Horde, ging es wieder los: Übelkeit, Herzrasen, Unwohlsein.

Kurz vor Weihnachten kam das Fass zum Überlaufen. Eigentlich war alles wie immer. Ich hatte Frühschicht an einem ganz normalen Wochentag. Der Laden war relativ leer. Insgesamt waren drei Männer und eine Frau vor Ort. Allerdings gab es keinerlei sexuelle Aktivitäten, da die Frau zum ersten Mal hier war und »nur mal schauen« wollte, was natürlich legitim war. So saß jeder für sich, mit eigenen Gedanken und einem Getränk. Außer einer der Männer. Der saß auch allein für sich, aber mit immer mindestens zwei Getränken. Bier und Schnaps. Schon die fünfte Runde. Sichtlich unerfreut über das Ausbleiben sexueller Aktivitäten hatte er ganz eindeutig nur ein Ziel vor Augen: sich volllaufen lassen. Ich konnte seine Fahne sogar über den Tresen hinweg riechen. Als er gegen Mittag nur noch lallend seine Bestellung hervorbrachte, wies ich ihn darauf hin, dass wir ein Swingerclub und keine Bar wären.

»Ich habe bezahlt, also darf ich trinken, was ich will«, entgegnete er.

»Klar«, sagte ich. »Du darfst konsumieren. Aber falls du vorhast, dich maßlos zu betrinken, schenke ich dir nichts mehr aus. Das ist nicht drin.« Und dabei hielt ich mich nur an unsere Anweisungen. Leider sah mein Gast das alles ganz anders: »Ich bin überhaupt nicht betrunken!«, schrie er mich an.

»Und genauso soll es auch bleiben«, gab ich ruhig zurück. Dabei stellte ich ihm eine Tasse Kaffee hin, die er allerdings verschmähte.

»Ich will noch ein Bier!«, beharrte er weiter. Ich schenkte ihm ein weiteres aus, wies ihn aber darauf hin, dass es das letzte wäre.

»Und noch einen Schnaps, du Schlampe!«, lautete seine Antwort.

Ich schluckte diese Beleidigung runter und sagte: »Du gehst jetzt.« Dabei reichte ich ihm den Schlüssel für seinen Spind über den Tresen. Natürlich nahm er ihn nicht entgegen, sondern grinste mich nur unverschämt an. Also ging ich in Richtung Umkleide, um seine Sachen zu holen. Er kam mir hinterher und begann sofort wütend gegen seinen Schrank zu treten und mich weiter zu beschimpfen. Da sich alle anderen Gäste fein raushielten, blieb mir nichts anderes übrig, als die Polizei zu rufen. Als er das mitbekam, packte der Mann plötzlich zusammen, und als ich die Tür für ihn öffnete sagte er: »Ich mach dich fertig, du Fotze! Ich werde dir auflauern und du wirst das alles hier heute fürchterlich bereuen! Das schwör ich dir.«

Als die Polizei eine geschlagene halbe Stunde später endlich eintraf, konnte ich nicht mehr. Ich fing an zu heulen. Wie ein Schlosshund. Als ich mich wieder einigermaßen gefangen hatte, erstattete ich Anzeige gegen Unbekannt. Doch selbst die Polizei sagte, dass das meistens zu nichts führte. Schließlich kam meine Ablöse und meine Freunde und Helfer waren so nett, mich nach Hause zu fahren. Leider konnte ich mich auf dieser Fahrt auch gar nicht mehr beruhigen. Ich schluchzte und heulte Rotz und Wasser. Es wurde so schlimm, dass sie mich fragten, ob sie den polizeipsychologischen Dienst informieren sollten. Ich lehnte ab. Der fehlte mir gerade noch. Ich brauchte keinen Psychologen. Ich brauchte dringend einen neuen Job. Vermutlich war es nicht nur dieser furchtbare Mensch, der mich so verzweifeln ließ.

Irgendwie kam nun alles zusammen und seine Drohungen gaben mir den Rest.

Von nun an wurde es für mich noch unerträglicher, überhaupt zur Arbeit und zurück zu fahren. Am schlimmsten war immer der Weg von der U-Bahn zum Laden. Ich hatte Panik und fühlte mich beobachtet. Meist telefonierte ich alibimäßig mit meiner Mailbox. Außerdem trug ich von nun an immer ein Pfefferspray bei mir. Aber ich hatte Angst, noch mehr als zuvor. Nun war es wirklich an der Zeit, diesen Job an den Nagel zu hängen. Sonst, so wusste ich, würde ich daran kaputt gehen. Es war allerhöchste Eisenbahn, mich aus diesem anonymen, schrecklichen Umfeld zu verabschieden. Zeit, von der Dunkelheit ans Licht zu treten. Zeit, meine Existenzängste hintenanzustellen. Zeit, an mich zu denken und damit auch an meine Gesundheit. Psychisch wie physisch. Und somit auch Zeit, nach fast einem Jahr meine Brust wieder kontrollieren zu lassen. Das war wohl das Einzige, vor dem ich noch mehr Angst hatte als vor diesem Psychopathen.

Never fuck the company?

Manchmal versuche ich, von der Tatsache abzusehen, dass mein Arbeitsplatz ein Swingerclub ist, oder zumindest dieses kleine Detail nicht allzu sehr in den Fokus zu rücken. Denn im Grunde ist es eben auch einfach nur ein Arbeitsplatz. Mit Arbeitszeiten, einem Schichtplan, Kolleginnen, Reinigungspersonal und einem Chef, der das ganze Gefüge mit schützender Hand zusammenhält. Oder das zumindest tun sollte. Und genau an diesem Punkt scheitert meine »Ist ja nur ein Arbeitsplatz«-Theorie schon wieder. Denn für gewöhnlich gibt es an solchen Orten Regeln, die bei uns eben nicht gelten oder gar ins Gegenteil verkehrt werden. Zum Beispiel, dass man möglichst keine sexuellen Beziehungen zu Kollegen oder Vorgesetzten haben sollte, da so etwas das Arbeitsverhältnis negativ beeinflussen könnte.

Bei uns ist das ein klein wenig anders: Wer den Chef vögelt, ist klar im Vorteil. Das wiederum führt zu großem Konfliktpotential unter uns Kolleginnen. Ja, wir sind ausschließlich Frauen. Das liegt an der ganz einfachen Tatsache, dass in Swingerclubs meist eh schon Männerüberschuss herrscht und daher das Barpersonal wenigstens weiblich und optisch ansehnlich sein sollte. Und wenn sechs bis sieben ansehnliche bis hübsche Frauen miteinander arbeiten, kann man sich denken, dass es nicht lange dauert, bis es zu den ersten Zickereien kommt. Sei es, weil die eine mit dem Chef eine Affäre hat und die andere Kollegin eifersüchtig ist. Oder weil der Liebling des Chefs sich ständig danebenbenehmen darf, während die anderen Bardamen für jedes schlecht polierte Glas eine Abmahnung kassieren. Diese Gruppe, die den Chef nicht vögelt, fühlt sich dann des Öfteren benachteiligt und verarscht. Berechtigterweise, wie ich finde. Denn auch ich gehöre dieser Gruppe an.

Meine Kollegin Veronika ist ein gutes Beispiel für die andere Gruppe. Die »Klar, bums ich den Chef!«-Gruppe. Veronika ist Mitte vierzig, kleidet sich wie Anfang zwanzig, sieht sehr verlebt aus, aber ihre gemachten Brüste passen perfekt in unseren Laden. Findet der Chef. Veronika war früher im horizontalen Gewerbe unterwegs, wie die meisten unserer Bardamen. Denn wo soll man schon ohne Ausbildung und wenn man nun mal keine knackige Zwanzig mehr ist sonst arbeiten? Der Absprung aus der Prostitution führt daher relativ oft direkt hinter den Tresen eines Swingerclubs. Und da fällt es Damen, wie eben unserer Veronika, oft schwer, alte Gewohnheiten abzulegen.

Veronika hat ein Alkoholproblem. Sie würde sagen, dass sie eben gern mal einen trinkt. Ich würde sagen: Sie lässt sich regelmäßig die Hucke volllaufen und zockt dann die Gäste ab. Daher hoffe ich immer, nie nach Veronika arbeiten zu müssen. Denn das bedeutet, alle Schäden beseitigen zu müssen, wozu sie selbst nicht mehr in der Lage war. Meistens fehlt vor allem Geld in der Kasse, was ich ihr als Nachfolgerin dann leider vom Lohn abziehen muss. So sind nun mal die Vorschriften, die es sogar bei uns gibt. Daraufhin bezeichnet mich Veronika dann gern als »Fotze« oder »dreckige Schlampe«, bevor sie sich, wenn ich Glück habe, ins Klo übergibt. Wenn ich Pech habe, auf mich.

Dieses Jahr hat Veronika an ihrem Geburtstag gearbeitet. Wobei sie vermutlich mal wieder »arbeiten« mit »feiern« verwechselt hat. Denn an diesem Abend hat sie ihre Gäste nicht nur heimlich durch die Hintertür reingelassen, sondern danach auf der Toilette auch noch gevögelt. Im Anschluss daran legte sie sich nackt in den Whirlpool, zeigte stolz ihre prallen Brüste her und kassierte Geld, wenn jemand mal anfassen wollte. Ja, unsere Veronika ist nicht ganz frei von Geschäftssinn, allerdings frei von gesundem Menschenverstand. Denn jeder, der hier arbeitet, weiß doch, dass die gesamten Räumlichkeiten per Kamera videoüberwacht werden. Alles, was hier geschieht, wird gesehen, gehört und aufgezeichnet. Das vermuten wir zumindest unter uns Kolleginnen, denn der Chef weiß immer alles. Wirklich alles. Wir gehen außerdem davon aus, dass es neben den im Lüftungsschacht versteckten Kameras auch versteckte Mikrofone gibt und das Telefon abgehört wird.

Was der Chef mit den Aufnahmen von mir beim Gläserpolieren macht, weiß ich nicht. Was er mit Aufnahmen aus dem Gangbangzimmer macht, kann ich mir denken. Im besten Fall benutzt er sie nur für das Heimkino als Wichsvorlage. Im schlimmsten Fall könnten sich unsere ach so anonymen Kunden eines Tages im Internet wiederfinden, wie sie dort Mandy ficken, anstatt ihre Ehefrau. Oder Veronikas Silikonbrüste betasten, anstatt im Büro zu sitzen.

Da Veronikas Fehlleistung ohne Folge für ihr Arbeitsverhältnis blieb, nehme ich an, dass sie mit unserem Chef fifty-fifty gemacht hat. Denn auf unsere Beschwerde hin meinte er nur, wir sollten uns alle mal nicht so anstellen. Und: »Die Veronika sorgt wenigstens für gute Stimmung.«

Vielleicht ist deshalb unser Etablissement auch ständig auf Personalsuche. Denn neben schwierigen Kolleginnen und internen sexuellen Verstrickungen macht es einfach keinen Spaß, bei schlechter Bezahlung auch Schichten am Wochenende und an Feiertagen ohne Nacht- oder Schmerzenszuschlag schieben zu müssen. Und wer will schon gern auf Schritt und Tritt von einem notgeilen Chef kontrolliert werden, der sein Hobby zum Beruf gemacht hat?

Heute, so hatte ich es mir längst vorgenommen, habe ich unseren Chef darauf angesprochen. Ich sagte ihm, dass Kontrolle zwar gut sei, allerdings nur bis zu einem gewissen Punkt. Dass er es mit seinen Stasi-Methoden eindeutig übertreiben würde und sein Vorgehen außerdem illegal sei.

Daraufhin meinte er nur: »Sandra, du kannst dir auch einen schönen Bürojob suchen, wenn dir das lieber ist. Aber jetzt mach deine Nägel und sag mir nicht, wie ich meinen Laden zu führen habe.«

Da hat er natürlich recht. Ihm sage ich das nicht, aber vielleicht schreibe ich ein Buch darüber – gleich nachdem ich mir einen schönen Bürojob gesucht habe.

14.
HELL YEAH!

Ich möchte behaupten, dass ich vermutlich nicht die einzige Person bin, die im Dezember alle ihre Vorsätze und Pläne einfach ins nächste Jahr verschiebt. So machte ich es zumindest Ende 2013. Von der Kündigung bis hin zur Brustkontrolle. Auch gute Vorsätze wie »mehr Sport machen« und »weniger Käsekuchen essen« mussten noch ein wenig warten. Denn es gab gegen Ende des Jahres einfach zu viel zu tun und zu viele leckere Sachen zu essen, vor allem Schokopralinen. Denn am vierten Dezember 2013 ging es erst mal nach München zum »Mon Chéri Barbara Tag«. Dieser wurde alljährlich mit einer deutschlandweiten Benefizaktion eingeleitet. So verschenkte auch in diesem Jahr Mon Chéri am Gedenktag der Heiligen Barbara in zwanzig deutschen Städten tausende Kirschzweige auf Weihnachtsmärkten. Für jedes angenommene Kirschbündel spendete Ferrero einen Euro. Am Abend des vierten Dezember fand die Benefizgala statt, zu der ich als Gast geladen war. Für einen guten Zweck zu feiern, macht viel mehr Spaß, als irgendwelche Gesichter des Jahres zu küren.

Die Party in München war ein voller Erfolg. Ich mampfte Mon Chéri und bestaunte das Aufgebot an Prominenten, wie Juliette Binoche, Marcia Cross, Catherine Deneuve, Yvonne Keating und vielen anderen. Frauke Ludowig führte durch den Abend und Auma Obama bekam über 54.000 Euro Spendengelder für die von ihr ins Leben gerufene Organisation überreicht. Zu meiner Erleichterung ging es dabei ausnahmsweise mal nicht um Brustkrebs, sondern um sozial benachteiligte Jugendliche. Ich engagierte mich inzwischen privat für Organisationen, die sich dem Kampf gegen Brustkrebs verschrieben hatten, war aber über etwas Ablenkung an diesem Abend sehr dankbar. Wenigstens für ein paar Stunden waren meine Sorgen vergessen. Und bestimmt wieder zwei Kilo mehr auf der Waage. Aber was soll's. Man lebt schließlich nur einmal.

Den restlichen Dezember schleppte ich mich weiterhin in den Bumsladen und hoffte auf Besserung im nächsten Jahr. Besserung dahingehend, dass ich endlich meine Vorsätze in die Tat umsetzen würde.

Das Jahr 2014 begann an Silvester mit einem lustigen Abend bei Freunden. Wir waren eine kleine Gruppe unterschiedlichster Leute und taten das, was alle an Silvester taten: Raclette essen, Kracher zünden, Feuerwerk bestaunen, Bleigießen und Vorsätze für das nächste Jahr festhalten. Meine Liste unterschied sich nicht allzu sehr von den Listen der vorherigen Jahre. Wie immer fanden sich darauf Punkte wie »Sport machen«. So wollte ich gern mit Yoga anfangen, was ich in Thailand begonnen hatte und mir sehr guttat. Außerdem wollte ich mehr Zeit für Freunde finden, mehr ausgehen, das Leben genießen und mir nicht allzu sehr den Kopf über die Zukunft zerbrechen, sondern mehr den Moment genießen. Im Hier und Jetzt leben. Ganz konkret wollte ich im Monat Januar auf jeden Fall wieder an der

Fashion Week teilnehmen. Diesmal nicht nur als Gast, sondern als Model. Daher mussten mindestens fünf Kilo runter. Im Frühling, so nahm ich mir vor, würde ich dann mein Erspartes zusammenkratzen, nach Tokio reisen und mir dort eine Agentur suchen. Es war seit Langem einer meiner größten Wünsche, in Asien professionell vertreten zu werden und dort beruflich unterwegs zu sein. Aber vorher, und das war der Punkt, der ganz oben auf meiner Liste stand, musste ich endlich im Swingerclub kündigen und mir einen »normalen« Job suchen. Einen Job, der mir auch weiterhin die Flexibilität gab, spontan Mode-Jobs zusagen zu können. Der mir außerdem ein regelmäßiges Einkommen versprach. Aber bitte ein Job, bei dem ich mich weder ausziehen müsste noch nackte Menschen um mich hatte und möglichst kein Telefon bedienen müsste. Etwas konkreter dachte ich dabei vorzugsweise an den Fashion- oder Make-up-Bereich, sehr gern hinter den Kulissen. Am liebsten tatsächlich wieder im Einzelhandel. Denn ich war einfach eine hervorragende Verkäuferin. Und seit ich im KaDeWe von einem Transsexuellen bedient wurde, war ich mir sicher, dass meine Tätowierungen kein allzu großes Problem mehr darstellen dürften. Vielleicht war »sogar« Berlin in dieser Beziehung endlich etwas offener geworden? Ich würde mich einfach als Sandra Müller bewerben und auf meinem Bewerbungsbild einen schönen Rollkragenpullover tragen. Nur zur Sicherheit.

Natürlich wäre es auch schön, im neuen Jahr endlich den richtigen Mann zu finden. Einen Mann, der auch im Anzug gut aussieht. Aber anders als es die Boulevardpresse immer schrieb, war das wirklich kein Muss und stand auf meiner Prioritätenliste ganz weit unten. Viel wichtiger war mir, dass er Humor und etwas im Kopf haben sollte. Gern nicht prominent, dafür mir ein guter Freund und leidenschaftlicher Partner zugleich. Ein Mann, der tolerant und treu war, Verständnis für meine Arbeit hatte. Der Tattoos schön findet oder zumindest keine Probleme mit meinem bunten, nicht perfekten Körper hatte. Ein Mann, der Bodenhaftung hatte, ohne dabei ein Langweiler zu sein. Aber grundsätzlich, so stellte ich fest, hätte ich selbst nichts dagegen, irgendwann eine spießige Hausfrau zu werden, ein bis zwei Kinderchen zu haben und in den Sommerferien Urlaub am Meer zu machen. In Berlin wollte ich allerdings sehr gern weiterhin leben, denn diese Stadt war inzwischen zu meinem Zuhause und meine Freunde zu meiner Familie geworden. Und als genau diese Freunde an Silvester von meinen Hausfrauen- und Familienplänen hörten, mussten sie doch alle lachen. Sie meinten, damit könnte ich mir ruhig noch ein wenig Zeit lassen und weiterhin exklusiv nur für sie meinen »Lexy Hell Killer Cheesecake« backen.

»Oder hast du schon jemanden im Auge, der dich demnächst an Küche und Kinder binden könnte?«, fragte Sneshina, die schon ein bisschen beschwipst war.

»Vielleicht«, sagte ich, auch nicht mehr ganz nüchtern. Jetzt kam ich natürlich nicht drumherum, von meinem letzten Flirt zu erzählen, der mir einfach nicht mehr aus dem

Kopf ging, aber auch ein bisschen peinlich war. Denn ich stellte mich mal wieder an wie ein vierzehnjähriges Schulmädchen. Das Ganze passierte kurz vor Weihnachten, an einem furchtbar unromantischen Ort, nämlich in einem Elektronikladen eines großen Einkaufszentrums. Ich ließ es dieses Jahr zu Weihnachten richtig krachen und besorgte meiner Schwester als Geschenk ein iPad. Sie hatte weder einen Computer noch eine gute Kamera und ich dachte, es wäre schön, wenn sie zahlreiche Fotos von Maxi schießen und wir mit dem iPad öfter skypen könnten. So könnte ich die Entwicklung meines süßen Neffen auch besser mitverfolgen, dessen Namen und Geburtsdatum ich mir unbedingt noch dieses Jahr tätowieren lassen wollte. Auf jeden Fall wurde ich bei diesem Einkauf von einem jungen Mann beraten, in den ich mich ein bisschen verguckt habe. Er hat mich sehr ausführlich und lustig beraten und sah dabei so verdammt gut aus, wie er mich durch das iPad Menü führte. Ich schätzte ihn auf ein bis zwei Jahre älter als mich. Er war groß, sah sportlich aus, hatte dunkelblonde Haare, blaue, sehr ehrliche Augen, ein sympathisches Lächeln und schöne Hände. Ich mag Hände.

Als es dann an den Kauf ging, stürzte sein Computer ständig ab. Ich war mir nicht ganz sicher, hatte aber das Gefühl, dass er versuchte, das Gespräch in die Länge zu ziehen. Wir flirteten, ganz eindeutig. Und natürlich passierte das, was immer passierte, wenn ich jemanden gut fand. Ich redete viel zu schnell und zu wirr, schmiss alles runter, verhaspelte mich und spürte, wie meine Wangen vor Scham und Aufregung glühten. Als das iPad endlich in meine Tasche wanderte, zogen wir das Verkaufsgespräch noch ewig in die Länge. Er meinte, ich könnte jederzeit auf ihn zukommen. Auch, falls ich noch Fragen hätte. Oder so. Natürlich brachte ich es in diesem Moment nicht fertig, ihn zu fragen, was er nach Feierabend vorhätte.

»Sieht so aus, als müsstest du einfach bald wieder ein iPad kaufen!«, sagte Sneshina, die sich über meine Geschichte kaputtlachte.

»Oder«, schlug ein anderer Freund vor, »du setzt das einfach noch auf deine Vorsatzliste: süßen Verkäufer um ein Date bitten!« Darauf ließ ich mich gern ein, in der Hoffnung, dass das niemand kontrollieren würde. Dann folgte das obligatorische Bleigießen, wobei meine Ergebnisse von meinen Freunden nun mit sehr viel künstlerischer Freiheit interpretiert wurden: Eine eindeutige Brille interpretierten sie als Büstenhalter. Der nämlich besagt: »In der Liebe wird es spannend«. Mein nächster Bleiklumpen, den ich bestenfalls als »Klecks« gedeutet hätte, war für alle anderen eindeutig ein »Herz«, denn: »Sie verlieben sich!« Als sie meinen gegossenen Eimer dann als »Korb« auslegten, der für »Glück in der Liebe« stand, war es höchste Zeit, das Orakel in Ruhe zu lassen und endlich tanzen zu gehen. Ich war bestimmt seit zwei Jahren nicht mehr im KitKatClub gewesen, aber an diesem Abend war es höchste Zeit, mal wieder so richtig Spaß zu haben. Einfach nur ich, Sandra Müller, zusammen mit Freunden auf die Kacke zu hauen. An der Stange zu tanzen, zu viel zu trinken, Quatsch zu machen und vor allem viel zu lachen. Und genau so kam es. Ein mehr als gelungener Start ins neue Jahr, der allerdings einen dreitägigen Kater nach sich zog.

Als ich am dritten Januar regeneriert von der Feierei zu meiner Schicht im Swingerclub antrat, gab es keine Ausrede mehr, die ich mir selbst hätte verzeihen können. Mein Chef war zufällig da und packte gerade seine Tasche, um zum Sport zu gehen. Ich wusste: Jetzt oder nie! Also nutzte ich die Gelegenheit und bat ihn um ein Gespräch. Dann machte ich es kurz und schmerzlos: »Es tut mir leid, aber ich kündige«, sagte ich und spürte, wie ich ganz rot wurde. Das wiederum war mir sehr peinlich. Schließlich hatte ich ihm keine Liebeserklärung gemacht, sondern vielmehr den Laufpass gegeben. Er sah mich einen Moment irritiert an und verzog dann sein Gesicht. Als ich mich gerade auf einen Wutausbruch einstellte, lächelte er mich zu meiner großen Überraschung an und sagte: »Ach, Sandra, damit hatte ich schon längst gerechnet. Glaubst du, ich bekomme nicht mit, was du außerhalb dieses Bumsladens so treibst?«

Jetzt war ich wirklich baff. Zum einen, weil er so entspannt reagierte, zum anderen, weil er tatsächlich, so wie ich immer, »Bumsladen« zu seinem eigenen Etablissement sagte. Das brachte mich sofort zum Lachen. Zugleich fiel mir ein Stein vom Herzen. Ich erklärte ihm, dass ich den Job einfach psychisch nicht mehr aushielt. Dass ich die flexiblen Arbeitszeiten zwar sehr zu schätzen wüsste, auch und gerade weil sie sich mit meinen Model-Jobs, die meist spontan reinkamen, so gut verbinden ließen. Aber dass die ganze Atmosphäre an meiner Psyche nagen würde, mich krank machte.

»Kann ich verstehen!«, sagte er. »Manchmal hängt mir dieses Gewichse hier auch zum Hals raus. Aber ich kann nun mal nichts anderes.« Das war einer der wenigen Momente, in denen mein Chef tatsächlich ehrlich und mir daher schon fast sympathisch war. Vermutlich bot ich ihm aus dieser Laune und Erleichterung heraus auch an, dass ich gern bereit war, den Januar noch zu Ende zu arbeiten. Ich hatte zwar offiziell keine Kündigungsfrist, an die ich mich hätte halten müssen, wollte aber zum Abschied noch mal einfach nett sein. Mein Chef anscheinend auch, denn bevor er ging, sagte er: »Und bevor du abhaust, schmeißen wir noch eine fette Abschiedsparty für dich! Wenn du willst, bau ich auch die Pole-Stange noch mal auf. Aber auf deine Verantwortung!«

Als er die Tür hinter sich zuzog, fragte ich mich, warum ich mit dieser Entscheidung so lange gewartet hatte. Es war so einfach gewesen.

Auch in den nächsten Wochen ging überraschenderweise alles so weiter, wie ich es mir vorgenommen hatte. Ich vereinbarte zuallererst einen Termin zur längst überfälligen Nachkontrolle, die ausgerechnet auf den Valentinstag fiel. Aber wer weiß, vielleicht würde ich mir damit selbst das beste Valentinsgeschenk machen. Doch bevor es so weit war, kamen spontan noch ein paar Jobs reingeflogen. Unter anderem endlich eine Zusage für die Fashion Week. Ich durfte als einzige Frau bei der Männermodenschau von Marc Stone laufen.

Das hatte ich mir schon immer gewünscht, denn das war die einzige Runway-Show auf der Fashion Week, die nur Männermode zeigte. Und daher war es mir eine besondere Ehre, als einzige Frau bei dieser Show laufen zu dürfen. Männermode musste ja nicht bedeuten, dass sie nicht von Frauen getragen werden konnte. Ich liebte androgyne Outfits und genderübergreifende Mode. Überhaupt interessierte mich alles in diesem Bereich noch viel mehr, seitdem ich mir selbst die Frage gestellt hatte, wie sehr ich mich selbst als Frau verstand und warum? Was mich eigentlich zur Frau machte? Ob es meine Launen waren, meine Brüste oder die Tatsache, dass ich vorrangig von Männern begehrt wurde? Ich fand dieses Geschlechterthema einfach spannend, auch in der Mode. Und so kam es, dass ich in einem recht maskulinen Outfit am 14. Januar, einen Monat vor dem Valentinstag, diese Show lief. Ich trug eine Anzughose und eine Weste mit asymmetrischem Muster, außerdem kein Make-up, nur Foundation, keine Wimperntusche, kein Lippenstift – genauso wie die männlichen Models auch. Die Gleichstellung der Geschlechter ging hier über die Mode hinaus. Obwohl ich mich öffentlich nur ungern ohne starkes Make-up zeigte, fühlte ich mich sehr wohl. Womöglich hatte ich tatsächlich eine neue Fraulichkeit in mir entdeckt. Eine innere. Außerdem hatte ich erfolgreich fünf Kilo abgenommen, was bestimmt mit dazu beitrug, dass ich mich in meinem Körper so wohl fühlte. Dafür hatte ich mich zehn Tage lang nur von Obst, Salat und Scheibenkäse ernährt. Denn auf Käse konnte ich während keiner Diät dieser Welt verzichten.

Das Feedback zu der Männershow war durchweg positiv, sowohl von der Presse aber auch, und für mich viel wichtiger, von Marc Stone. Wir beide kannten uns schon länger. Ich fand Marcs qualitativ hochwertige und dabei auch tragbare Männermode großartig. Denn leider vergaßen zu viele Designer oft, dass Mode auch tragbar sein musste. Abgesehen davon, dass ich seine Arbeit bewunderte, mochte ich Marc als Mensch wirklich gern. Er ist ein ehrlicher, vorsichtiger und zurückhaltender Mensch. Und Skorpion, so wie ich. Vielleicht verstanden wir uns deshalb so gut. Er arbeitete erfolgreich in der Branche, betrachtete aber alles mit einem gewissen Abstand. Diese realistische Haltung, frei von Exzentrik und Künstlerattitüde, ist selten in diesem oft oberflächlichen Metier.

So verbrachten Marc und ich auch viel Zeit zusammen auf der Fashion Week. Nach Interviews und Shootings verabredeten wir uns zu den zahlreichen Partys, die wir gemeinsam stürmten. Und zwar im wahrsten Sinne des Wortes. Doch anstatt hoch erhobenen Hauptes die Vogue-Party zu entern, kam es eher zu einem Kentern. Denn nach zehn Stunden in hohen Schuhen und dieser furchtbaren Kälte war mein linker Fuß einfach taub geworden. Ausgerechnet und direkt vor dem Borcherts, wo die Vogue-Party stattfand. Als mir Marc gerade die Tür aufhielt, wollte ich los, mein Fuß aber nicht. Und zack, legte ich mich schön auf die Fresse. Mein Knie war aufgeschlagen, die Strumpfhose seltsamerweise noch ganz. Da soll einer mal sagen, teure Strumpfhosen würden keinen Unterschied machen. Nach dem ersten Schrecken brachen Marc und ich in einen fünfzehnminütigen Lachanfall aus. Außerdem dauerte es ein bisschen, bis Marc mich überreden konnte, es ein zweites Mal zu versuchen. Aber die Argumente »Champagner« und »Wiener Schnitzel« überzeugten mich schließlich doch. Lecker! Da waren meine Wunden schnell vergessen.

Zum Glück war das mein einziger Sturz rund um die Fashion Week, der immerhin nicht auf dem Laufsteg passierte.

Alles war gut. Die Aussicht, ab Februar nie wieder im Swingerclub arbeiten zu müssen, gab mir sehr viel Motivation. Und die hatte ich bitter nötig. Schließlich begann ich unmittelbar nach der Fashion Week sofort damit, mir einen »normalen« Job zu suchen. So schrieb ich ganz brav Bewerbungen als Sandra Müller. Ich suchte im Einzelhandel von Bekleidungs-, über Schmuck-, bis hin zu Make-up-Geschäften nach einer Anstellung. Kurz hatte ich überlegt, mich einfach im Elektronikladen bei dem süßen Verkäufer zu bewerben, dann könnte ich unauffällig meinen Lebenslauf samt Telefonnummer hinterlassen. Aber so unauffällig wäre das vermutlich gar nicht und der Gedanke, jeden Tag an der Seite dieses Mannes zu arbeiten, machte mich ganz nervös. Daher hob ich mir diese Variante als letzte Lösung zu meiner Flirthemmung auf. Stattdessen ließ ich alle Menschen in meinem Umfeld wissen, dass ich auf der Suche nach einem Job war. Ich schämte mich nicht dafür, nach Arbeit zu fragen. Denn auch Models mussten essen.

Als erste Einladungen für die Berlinale eintrudelten, erwischte ich mich bei Tagträumereien, wie ich mit einem jungen

Mann, der aussah wie mein iPad-Verkäufer, Hand in Hand über den roten Teppich flanierte. Tatsächlich ging er mir nicht mehr aus dem Kopf. Ich war inzwischen noch zweimal bei ihm im Laden gewesen, immer unter einem Vorwand, wie mich für ein neues iPhone oder anderen Technik-Schnick-schnack zu interessieren. Wir flirteten jedes Mal. Aber entweder schlich einer seiner Kollegen um uns herum oder andere Kundschaft kam herein, die auch bedient werden wollte. Aus lauter Verzweiflung kaufte ich beim letzten Mal tatsächlich eine iPad-Hülle. Die würde ich sehr bald wieder zurückgeben, da sie meiner Schwester bestimmt nicht gefiel. Irgendwann müsste er dann einfach merken, dass ich nicht wirklich kam um einzukaufen. Falls nicht, würde das ein sehr teurer Flirt für mich werden. Aber ich brachte es einfach nicht fertig, ihn privat anzusprechen, und daher flanierte ich auch allein über den roten Teppich bei der Berlinale, ich Feigling. Allerdings musste ich nun meinen ganzen Mut für ein viel wichtigeres Datum sammeln. Denn noch vor der Bärenverleihung stand mein Arzttermin an. Nachkontrolle meiner Brust, über ein halbes Jahr zu spät. Als ich wie immer allein im Wartezimmer saß, gingen mir schrecklich viele Gedanken durch den Kopf. Ich spielte alle möglichen Situationen durch. Von einem negativen Befund, über die Chemotherapie, bis hin zu meiner eigenen Beerdigung. Ich hatte noch nie in meinem Leben so große Angst wie in diesem Moment. Nicht beim Ausreiten als kleines Mädchen, als das Pferd durchgegangen ist. Nicht als mein Opa eines Tages nicht mehr vor der Haustür saß. Nicht vor Herrn Pieper im Deutschunterricht oder der Wut und den Bestrafungen meiner Mutter. Nicht vor meinem ersten Kuss und später vor dem ersten Mal Sex. Und schon gar nicht vor der ersten Tätowierung. Doch als ich darüber nachdachte, wovor ich mich schon alles gefürchtet hatte, musste ich zugleich feststellen, dass ich all diese Sachen irgendwie immer überstanden hatte. Diese Erkenntnis machte mir ganz plötzlich Mut. Denn, egal wie es kommen würde, ich würde es wieder überstehen. Irgendwie. Da hatte ich schon ganz andere Sachen geschafft. Zum Beispiel von der schüchternen, stets traurigen oder wütenden Sandra Müller zu einer selbstbewussten, bunten und grundsätzlich sehr glücklichen Lexy Hell zu werden. Zu mir selbst zu werden. Darauf war ich verdammt noch mal stolz. Stolz auf mich, meinen Sturkopf und Ehrgeiz, und dankbar für die tollen Menschen, die mich auf meinem Weg begleitet und unterstützt hatten. Dankbar war ich auch für das Glück selbst, das mein ständiger Weggefährte war, mein treuer Begleiter in meinem bunten Leben. Und wer weiß? Vielleicht würde es mich auch heute nicht im Stich lassen. Vielleicht würde einfach alles gut werden? Vielleicht war ich gesund. Gesund, jung und glücklich. Und sollte das so sein, wüsste ich genau, wie es weitergehen sollte. Ich würde eine neue Stelle finden, die mir Spaß machte, außerdem durch Asien reisen und mich bei Agenturen vorstellen. Überhaupt würde ich sehr viel reisen und über die Laufstege dieser Welt schreiten oder vielleicht auch nur über die Strände dieser Welt stolpern? Doch möglicherweise nicht mehr allein. Denn hier und heute, in diesem Wartezimmer, schwor ich mir selbst eine Sache: Sollte ich ein positives Ergebnis erhalten, würde ich noch heute meinen Schwarm aufsuchen und ihn um ein Date bitten. Denn das Leben war verdammt noch mal viel zu kurz und viel zu aufregend, um ein Feigling zu sein.

»Frau Müller, bitte ...«

EPILOG

»Hallo.«

»Hallo, Sandra. Frohen Valentinstag! Wie geht's dir?«

»Heute sehr gut. Und dir?«

»Auch gut. Schön dich zu sehen. Wie kann ich dir helfen?«

»Heute will ich eigentlich nichts kaufen.«

»Nein? Willst du dich nur umsehen?«

»Nein. Auch nicht.«

»Okay.«

»Das klingt jetzt blöd, aber ich will ... würde gern ... äh ... umtauschen.«

»Umtauschen? Okay. Das ist kein Problem. Hat deiner Schwester die iPad-Hülle nicht gefallen?«

»Doch. Also nein. Nicht so gut. Zu dunkel.«

»Willst du eine andere aussuchen?«

»Nein. Also, ich hab die alte nicht dabei.«

»Okay.«

»Ich würde dann ein andermal wiederkommen.«

»Okay.«

»Also dann ...«

»Ich nehme an, du hast noch eine Valentinsverabredung?«

»Nein. Nicht wirklich. Also. Nein. Und du?«

»Ich auch nicht.«

»Mmh. Vielleicht willst du ... würdest du ... mir noch die Kopfhörer zeigen?«

LEXY HELL KILLER CHEESECAKE

Für den Teig:
280 g Mehl
2 Eigelb
2 EL Wasser
1 Prise Salz
2 EL Zimt
200 g Butter
4 EL Zucker

Zubereitung:
Alles zusammen in eine Schüssel geben und kneten. Danach kurz ruhen lassen. Anschließend in die gefettete Form (26 cm) geben und 30 Minuten im vorgeheizten Ofen bei 180 Grad backen.

Für den Belag:
400 g Zucker
6 EL Speisestärke
1200 g Doppelrahm-Frischkäse
400 g Frischkäse fettarm
300 g Sahne
2 Eier
4 EL Zitronensaft

Für den Guss:
250 g Schmand
2 EL Zucker
1 Pck. Vanillezucker
1 TL Zitronensaft

<u>Zubereitung:</u>
Den Zucker mit Speisestärke, Frischkäse und Magerquark cremig rühren. Das Ei, die Sahne und den Zitronensaft dazugeben und alles glatt rühren. Nicht mit dem Rührgerät schlagen, sondern langsam cremig rühren. Das ist ganz wichtig.
Die Creme auf den vorgebackenen Boden streichen und den Kuchen weitere 45 Minuten backen. Wenn der Rand leicht braun ist, herausnehmen.
Die Zutaten für den Guss miteinander verrühren, den Guss auf den Kuchen streichen und den Kuchen noch mal fünf Minuten backen.
Am besten über Nacht auskühlen lassen.
Guten Appetit!
Kalorien: egal!

DANKSAGUNG

Christiane – mein kleiner Trottel

Lutz & Vinci

Sneshina & Carsten

Jennifer Kroll

Hanja Li & Bergin

Sam

Brave

Sarah T.

Martina

Christine

Harald

Jessica

Maya

& danke an all die tollen Menschen, die ich auf meinem Weg kennenlernen durfte.

Weitere Titel von Eden Books

Von Liebeskummer geplagt, macht sich Christiane Hagn auf in die Ferne. Auf einer kleinen Insel Sumatras beginnt sie einen Urlaubsflirt – mit weitreichenden Konsequenzen.

Denn Christiane ist verliebt und entschließt sich zu einem abenteuerlichen Selbstversuch: Sie kehrt Deutschland den Rücken, lässt Eltern und Freunde hinter sich, um zusammen mit Fischer David in Indonesien das große Glück zu finden. Eindringlich und mit viel Humor erzählt sie von ihrem wagemutigen Entschluss, von kleinen und großen Kulturschocks und davon, wie es sich anfühlt, wenn der Traum vom Leben im Paradies Wirklichkeit wird.

Christiane Hagn
MACHT'S GUT, IHR TROTTEL!
Ich zieh dann mal im Paradies

320 Seiten | Taschenbuch mit Bildteil | 12,5 × 19 cm
9,95 € (D) / 10,30 € (A)
Auch als E-Book erhältlich
ISBN: 978-3-944296-22-7

IMPRESSUM

Lexy Hell mit Christiane Hagn
Mein wildes Leben zwischen Laufsteg und Swingerclub
ISBN 978-3-944296-52-4

Eden Books
Ein Verlag der Edel Germany GmbH
Copyright © 2014 Edel Germany GmbH, Neumühlen 17,
22763 Hamburg
www.edenbooks.de | www.facebook.com/EdenBooksBerlin | www.edel.com
1. Auflage 2014

Einige der Personen im Text sind aus Gründen des Persönlichkeitsschutzes
anonymisiert.

Projektkoordination: Nina Schumacher
Lektorat: Dana Steglich
Umschlagfoto: © Hanja Litzba
Umschlaggestaltung: www.buerosued.de
Druck und Bindung: optimal media GmbH, Glienholzweg 7,
17207 Röbel/Müritz

Bildnachweis:
S. 1–6: © privat
S. 7–8: © Hanja Litzba
S. 9: © privat
S. 10–11: © Jens Book
S. 12: © privat
S. 13–15: © Michael Munique
S. 16: © privat

Printed in Germany

Dieses Buch ist auch als E-Book erhältlich.